美國
俄亥俄州立大學圖書館
中文古籍書録(修訂版)

◎ [美] 李國慶 編著
Compiled by Guoqing Li

GUANGXI NORMAL UNIVERSITY PRESS
广西师范大学出版社
· 桂林 ·

圖書在版編目（CIP）數據

美國俄亥俄州立大學圖書館中文古籍書録／（美）李國慶編著．—2版．—桂林：廣西師範大學出版社，2008.12
ISBN 978-7-5633-4234-1

Ⅰ．美…　Ⅱ．李…　Ⅲ．古籍—圖書館目録—美國
Ⅳ．Z838

中國版本圖書館 CIP 數據核字（2008）第 186899 號

廣西師範大學出版社出版發行
（廣西桂林市中華路 22 號　郵政編碼：541001
網址：http://www.bbtpress.com）
出版人：何林夏
全國新華書店經銷
廣西師範大學印刷廠印刷
（廣西桂林市臨桂縣金山路 168 號　郵政編碼：541100）
開本：889 mm ×1 194 mm　1/32
印張：6.625　插頁：2　字數：150 千字
2008 年 12 月第 2 版　2008 年 12 月第 1 次印刷
印數：001~800 册　定價：28.00 元

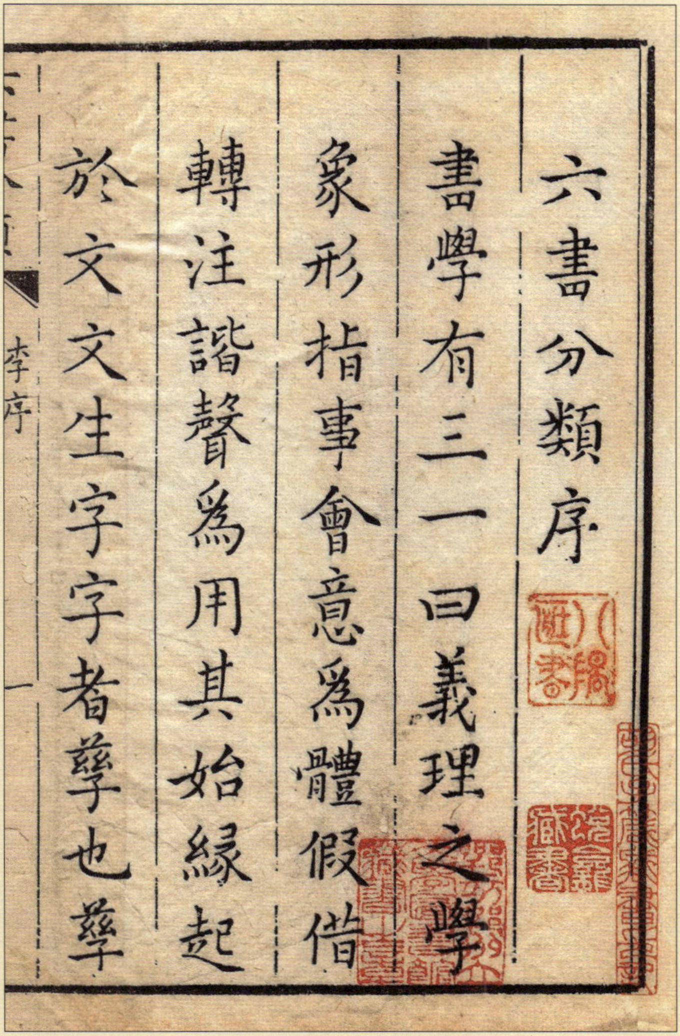

六書分類序

書學有三一曰義理之學

象形指事會意爲體假借

轉注諧聲爲用其始緣起

於文文生字字者孳也孳

李序　一

清　康熙乙酉(1705)聽松閣刊本《六書分類》

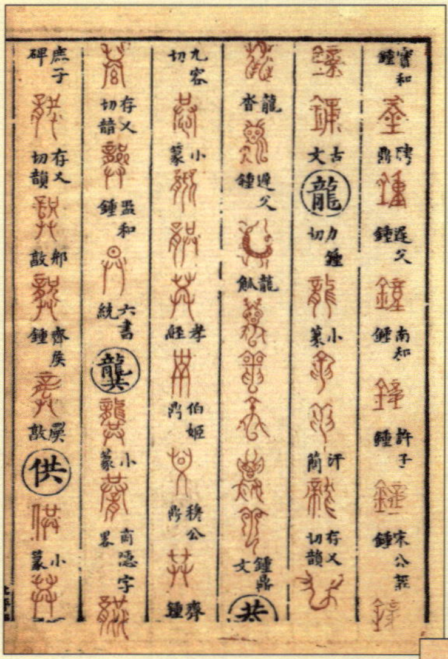

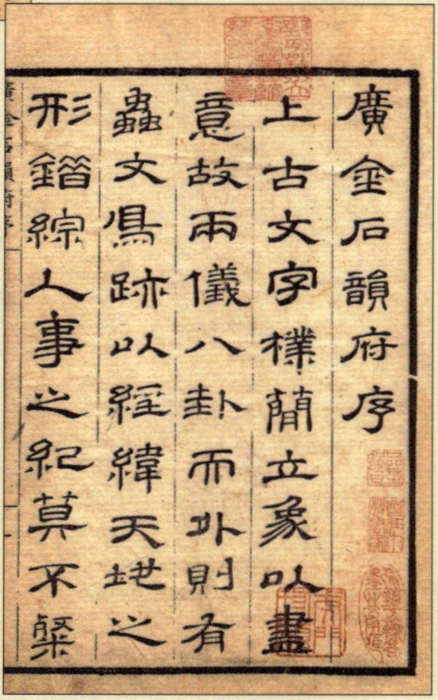

廣金石韻府序

上古文字樸簡立象以盡

意故兩儀八卦而外則有

蟲文鳥跡以經緯天地之

形錯綜人事之紀莫不槃

清 康熙九年(1670)賴古堂朱墨套印本《廣金石韻府》

須溪先生評點簡齋詩集卷之四

詩 四十二首

聞葛工部寫華嚴經成隨喜賦詩 增註按工部名勝仲字魯卿川陽人宣和間為大司成以文鳴于世紹興初以顯謨閣待制提舉明道宮築室寶溪之上奉祠累任十有四年卒謚文康又按公既沒之四年毗陵周簡襄公來牧吳興取公詩釐為十卷刻之郡庠文康公為之序○按年譜宣和二年丁内艱憂居汝州作

如來性海深復深留書與世滿蓬心畫沙累土皆佛事況乃丁字能千金老郎居塵念不起法中龍象人師子前身智永心了然結習未空猶寄此恃公聚筆如須彌經成筆盡手不知凌雲題就韋誕老願力所

日本寬永二十一年(1644)刊本《須溪先生評點簡齋詩集》

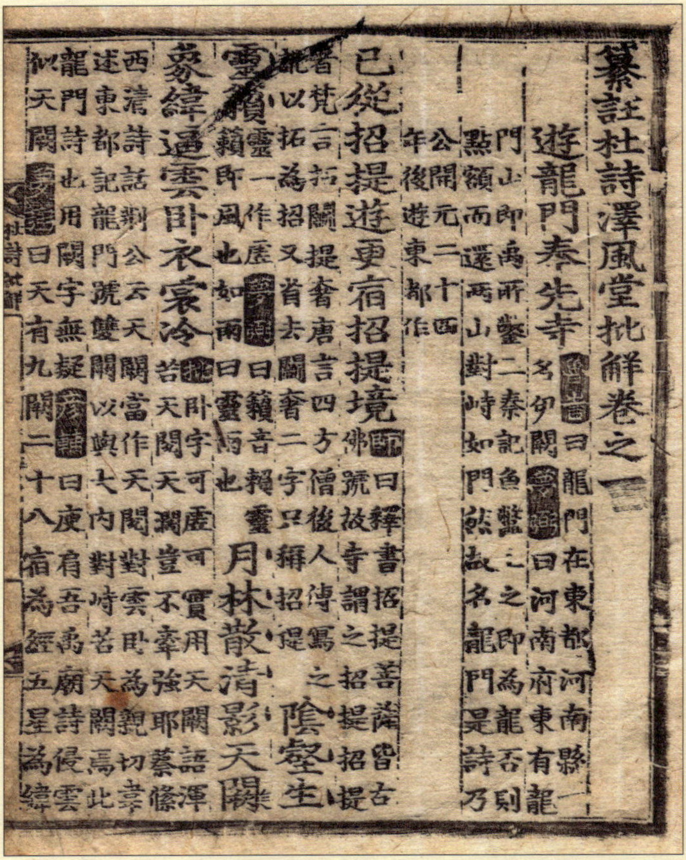
纂註杜詩澤風堂批解卷之一

遊龍門奉先寺 名伊闕曰龍門在東都河南縣一曰河南府東有龍門山即禹所鑿二秦記魚鼈之即為龍否則點額而還兩山對峙如門然故名龍門是詩乃公開元二十四年後遊東都作

已從招提遊更宿招提境 曰釋書招提菩薩曾古佛號故寺謂之招提招提者梵言拓鬭提奢唐言四方僧後人傳寫之訛以拓為招又省去鬭奢二字只稱招提 陰壑生靈籟 靈一作虛曰籟音賴籟即風也如雨曰靈雨也 月林散清影天闕象緯逼雲卧衣裳冷 卧字可虛可實用天闕語渾若天闕天闕豈不牽強耶蓁條西清詩話荊公云天闕當作天閱對雲卧為親切述東都記龍門號雙闕以與大內對峙若天闕焉此龍門詩也用闕字無疑曰庾肩吾禹廟詩侵雲似天闕曰天有九闕二十八宿為經五星為緯

朝鮮英祖十五年(1739)李氏家刻本《纂註杜詩澤風堂批解》

序

俄亥俄州立大學圖書館現在有據可查的、最早入藏的中文書是孫中山先生所著、民智書局 1924 年版的《民權主義》,其收書章注明收到日期爲 1929 年 11 月 13 日。但是一般説來,本館大批收藏中文書籍始於 1960 年,用以支持當年新開設的中國語文教學課程。而 1964 年本校頒發第一個中文學士學位時,本館中文圖書僅有 4000 册左右。爲適應學校發展的需求,本館請來了其歷史上第一位專職中文圖書館員——中國現代圖書館學界的前輩嚴文郁先生。此後的七年中,嚴先生"對中國新舊書籍費了一番精力,從中國香港、臺灣,日本,韓國等地去細心搜求",爲俄州大圖書館的中文收藏打下了堅實的基礎。在其之後,又先後經過胡應元、Carmen Lee、薛陳慕勤、周幼蘭等幾位中文部主任的努力,俄州大圖書館的中文收藏如今已超過13萬册,在海外也算頗具規模,並有效地支持着本校東亞語文系及歷史、藝術、政治、社會等科系從本科到博士生的教學與研究工作。

予生也晚,1996年來俄州大圖書館接任中文部主任一職時嚴先生退休已25年之久了。看到前輩當年搜求的中國古籍靜靜地躺在書庫裏,很多書中並夾有嚴先生手書的購書單,敬慕之心不可言表。嚴先生自1915年從武漢文華大學圖書科畢業後,即追隨袁同禮先生在北京大學圖書館工作,一年後又去北京圖書館。十年後北大新圖書館落成,先生應蔣夢麟校長之邀重回北大。抗戰期間先生隨校搬遷,最終落脚昆明,主持西南聯大圖書館工作。1945年,日本投降,嚴先生於次年受教育部委託在重慶籌設國立羅斯福圖書館,對中國現代圖書館事業貢獻良多。1949年之後,先生應聯合國總部之邀去紐約聯合國圖書館服務。1969年退休後來到俄州大圖書館,又爲中華文化在海外的傳播奉獻餘熱,真可謂爲中國圖書館事業鞠躬盡瘁了。

從本書著录可見,俄州大圖書館所收中國舊籍並無宋元精槧、海内孤本,但也不乏特點。比如清代文集衆多,小學類也不乏善本等。又比如許多書都經過日本人收藏,其中包括著名收藏家今關天彭;許多書是“文化大革命”期間大陸處理出來的,上面仍留有原收藏單位的印章，如北京大學圖書館等，也算是記録了一段歷史的滄桑。可惜的是，先生苦心搜求的中國古籍原來並無一份總書目。一部分書自購入之後迄今尚未編目上架；一部分上了架的也只有簡短的著録，且時有疏漏；另有數部只剩下書套。中國古籍書目的編撰實非易事，在海外尤難。本人才疏學淺，之所以不揣冒昧，草編此稿，乃一爲紀念前輩篳路藍縷之功，二爲秉承先賢之志，爲弘揚中國文化略盡綿薄。至於辨章學術，考鏡源流，則自知力所不逮，尚祈海内外方家有以教之。

本書録自多年前就着手草編，先後得到研究生助理廖玲玉、陳剛、李宜紋、李敏暉、楊曉經、孫斌、何瑋等同學的幫助，又得到俄亥俄州立大學圖書館學術研究指導委員會的支持，在此一並致以誠摯的謝意。

李國慶

二零零二年八月二日於哥倫布市小鏡湖畔

目　録

凡例

一、本編共收録俄亥俄州立大學(OSU)圖書館所藏中文普通古籍258種,271部。

二、本編收録古籍以清宣統三年(1911)爲下限。日本、朝鮮的刊本附於卷末。

三、本編依傳統的中國古籍分類法,即"經""史""子""集""叢"五部編排。鑒於著録數量不多,不標細目。每部之下按書名音序排列。

四、本編按中國古籍書目傳統規則,著録書名、卷數、著者、版本、行款、版式、内封、牌記、卷端、序跋及後人批校、題跋、藏印等。需要作補充説明的,以按語形式列出。

五、本編各條首列順序號,次列書名,再次列館藏索書號(本館未編目者索書號暫缺),書末並有作者及書名索引,以便讀者檢索。

分類目録

經　部

史　部

子　部

集　部

叢　部

附録一：日本刻本

史　部

子　部

集　部

附録二：朝鮮刻本

集　部

經 部

001 爾雅注疏附校勘記 PL2475. J2 K8 1815

《爾雅注疏附校勘記》十卷，四册一函

- 清嘉慶二十年(1815)重刊本。
- 板匡高 17.2 厘米，寬 13.1 厘米，左右雙邊，每半葉 10 行 17 字，間有雙行小字，每行 23 字。黑口，雙黑魚尾，中鎸"爾雅疏"及卷數，下鎸葉碼。
- 内封題"重刊宋本爾雅注疏校勘記/嘉慶二十年江西南昌府學開雕/太子少保江西巡撫兼提督揚州阮元審定武寧縣貢生盧宣旬校"。
- 卷首有"欽定四庫全書總目提要"。

按：OSU 本爲殘本，僅一至六卷。

002 廣金石韻府 PL2448. L52 1670

《廣金石韻府》五卷，六册一函

- 清林尚葵廣輯，李根校正。

- 清康熙九年(1670)賴古堂朱墨套印本。
- 板匡高 22.5 厘米,寬 15 厘米,四周單邊,每半葉 6 行,字數不等,間有雙行小字。白口,下鐫聲部和葉碼。
- 内封題“賴古堂重訂/廣金石韻府/大業堂藏板”。
- 卷端題“廣金石韻府,古閩林尚葵朱臣甫廣輯,李根阿靈甫校正”。
- 卷首依次有“廣金石韻府序”,署“康熙九年歲次庚戌禊日櫟下周亮工撰於賴古堂”;書傳;字略。
- 鈐有“懷德堂藏板”、“品芷過目”、“曾在丁松叡家”、“烏鎮丁翰高墨林甫藏”、“虎門珍頑”印。

003　汗簡箋正　PL1171.K94

《汗簡箋正》七卷,四册一函

- 周郭忠恕(？—977)撰,清鄭珍(1806—1864)箋正。
- 清光緒己丑(1889)刊本。
- 板匡高 20.5 厘米,寬 15.5 厘米,四周單邊,每半葉 7 行,字數不定,間有雙行小字。黑口,單黑魚尾,中鐫“汗簡箋正”及卷數,下鐫葉碼及“廣雅書局刊”。
- 内封題“汗簡箋正八卷”。
- 牌記題“光緒屠維赤奮若刊”。
- 卷端題“汗簡,周朝散大夫宗正丞兼國子書學博士郭忠恕撰,遵義鄭珍箋正”。
- 卷首有序。
- 卷末有“汗簡目録”;次有“跋”,署“庚寅六月所南鄭思肖爲山磵葉君題汗簡後”。

004 金石文字辨異 PL2447. H7

《金石文字辨異》十二卷，附朱駿聲《歲星表》一卷，共九册一函

- 清邢澍（1759—1819）著。澍，字雨民，號佺山，甘肅階州人，乾隆五十五年（1790）進士。
- 1893 年劉世珩聚學軒叢書本。
- 板匡高 16.1 厘米，寬 12 厘米，左右雙邊，每半葉 11 行。白口，雙黑魚尾，中鐫書名、卷數及葉碼。
- 内封題“金石文字辨異十二卷”。
- 卷端題“金石文字辨異，聚學軒叢書第一集，階州邢澍，貴池劉世珩斠刻”。
- 卷首有“自序”。

按：《金石文字辨異》爲叢書第一集第五，《歲星表》爲第一集第六。

《清人文集别録》稱：“（澍）嘗與（孫）星衍同撰《寰宇訪碑録》，復據唐宋以前金石刻辭，並宋元刊本《隸釋》、《隸續》等書，著《金石文字辨異》十二卷。當時學者，咸推重其金石之學。”

005 經餘必讀 PL2455. L4 1876

《經餘必讀》八卷，續編八卷，三集四卷，共十册一函

- 清錢樹棠、雷琳、錢樹立同輯，胡鳳丹（1823—1890）重校刊。
- 清光緒二年（1876）刊本。

- 板匡高 18.1 厘米,寬 12.7 厘米,四周雙邊,每半葉 10 行 22 字,間有雙行小字。白口,單黑魚尾,上鐫“經餘必讀”,中鐫卷數及篇名,下鐫葉碼。
- 内封題“經餘必讀”。
- 牌記題“光緒二年秋季/退補齋重刊”。
- 卷端題“經餘必讀,雲間錢樹棠憩南、雷琳曉峯、錢樹立素然同輯,永康胡鳳丹月樵重校刊”。
- 三集卷端題“三山趙任翰纂,永康胡鳳丹月樵重校刊”。
- 卷首有“凡例”,“目録”。
- 鈐有“掃葉山房督造書籍”印。

006 六書分類 PL1281.M5

《六書分類》十二卷,卷首二卷,共十四册一函

- 清傅世垚輯。
- 清康熙乙酉(1705)聽松閣刊本。
- 板匡高 19.5 厘米,寬 13.5 厘米,四周單邊,每半葉 8 行 12 字。白口,單黑魚尾,上鐫“六書分類”,中鐫卷數及篇名,下鐫葉碼及“聽松閣”。
- 内封題“帚菴祕書/六書分類”。
- 卷端題“六書分類,汝南傅鵉祥淑嵒甫命書,男世垚賓石氏輯,世磊友石氏參訂;同里周呈兆際美甫鑒定,男天辰撫五氏補校,天健一菴氏授梓”。
- 卷首有“六書分類序”,署“康熙乙酉歲仲春穀旦襄城禮山李來章譔”;次有“梓六書分類序”,署“康熙旃蒙作噩之歲嘉平月上浣汝南周天健一菴氏題”;次有“六書分類凡例”,署“摯亭傅世垚賓石氏謹

識";末有"六書分類跋",署"康熙歲次己卯相月中瀚同里眷弟賴帝孟兆輔氏拜手跋"。

- 鈐有"八隅藏書"、"蜕龕藏書"、"胡氏子箴藏書印記"、"韻笙曾藏"印。

007 六書通 PL1281. M5 1878

《六書通》五卷,五册一函

- 明閔齊伋撰,清畢弘述篆訂,閔章、程昌煒同校。
- 清光緒四年(1878)留耕堂重刊本。
- 板匡高 21.5 厘米,寬 15 厘米,四周雙邊,每半葉 8 行 17 字。白口,上鐫"六書通",中鐫篇名,下鐫葉碼及"留耕"。
- 内封題"五湖閔寓五先生稿本/六書通/基聞堂篆訂"。
- 牌記題"光緒四年歲次戊寅仲春月上澣本堂不惜工資遵依原本校對無讹識者珍之繡谷留耕堂重刊"。
- 卷端題"六書通,海鹽畢弘述既明篆訂,苕溪閔章含貞、程昌煒赤文同校"。
- 卷首依次有"原序",署"順治辛丑仲冬五湖閔齊伋寓五父記時年八十有二";"張序",署"康熙五十九年歲次庚子四月之望襄平張涵題";"序",署"康熙五十九年歲次庚子清和之望海鹽畢弘述既明氏識";"程序",署"康熙庚子清和月穀旦苕溪程煒赤文氏識";"凡例"。

008 六書緐韻 PL1201. L43

《六書緐韻》二十四卷,檢字二卷,共二十六册四函

- 清李貞編輯。
- 清光緒十六年(1890)刊本。
- 板匡高 19.5 厘米,寬 12.5 厘米,四周雙邊,每半葉 8 行 22 字。白口,單黑魚尾,上鐫"六書繫韻",中鐫卷數、篇名,下鐫葉碼。
- 内封題"六書繫韻"。
- 牌記題"光緒十六年三月新鐫"。
- 卷端題"六書繫韻,湘陰李貞芥孫甫編輯"。
- 卷首有"敘",署"湘陰李貞";次有"凡例","目録"。
- 鈐有"平江陳氏右鈞珍藏金石書畫"印。

009 論語經正録 PL2471.Z6 W23

《論語經正録》二十卷,十册一函

- 清王肇晉(1816—1885)撰,王用誥述。
- 清光緒二十年(1894)刊本。
- 板匡高 16 厘米,寬 12.5 厘米,左右雙邊,每半葉 12 行 21 字。黑口,雙黑魚尾,中鐫篇名,下鐫葉碼及人名。
- 内封題"論語經正録"。
- 牌記題"光緒二十年仲春月鋟板"。
- 卷首有"序例",署"光緒辛卯冬十月用誥謹述"。

按:美國耶魯大學藏有同年版一部,然多年譜一卷。

010 馬氏文通 PL1103.M3

《馬氏文通》十卷,十册一函

- 清馬建忠(1845—1900)著。建忠,字眉叔,丹徒人。

- 清光緒二十四年(1898)鉛印本。
- 本高 18.3 厘米,寬 12.4 厘米,板匡高 14 厘米,寬 10.5 厘米,四周雙邊,每半葉 10 行 24 字。黑口,無魚尾,上鐫“文通”,下鐫葉碼。
- 内封題“光緒二十四年孟冬/馬氏文通/上海商務印書館排印/翻版必究”。
- 前有馬建忠光緒二十四年三月十九日和九月初九日兩序。卷六末有校勘記一。卷七内封題“光緒二十五年季冬/馬氏文通/上海商務印書館排印”。卷十末附“文通目録”。

按:此爲《文通》最初的竹紙鉛排綫裝本。

011 駢雅訓纂 PL1497.C47 1881

《駢雅訓纂》十六卷,序目一卷,共八册一函

- 明朱謀㙔著,清魏茂林訓纂。
- 清光緒辛巳(1881)瀹雅齋刊本。
- 板匡高 19.5 厘米,寬 15 厘米,四周雙邊,每半葉 12 行 25 字。白口,無魚尾,上鐫卷數,中鐫訓纂卷數,下鐫葉碼及“瀹雅齋藏板”。
- 内封題“明朱謀㙔鬱儀著龍巖魏茂林訓纂/駢雅訓纂/四庫全書舊本參用有不爲齋本補正”。
- 牌記題“駢雅七卷序目一卷訓纂十六卷光緒辛巳春成都瀹雅齋鋟板”。
- 卷首依次有“駢雅訓纂序”,署“道光甲辰固始祝慶蕃”;“駢雅訓纂序”,署“道光戊申年孟夏月年愚弟潘錫恩”;“駢雅訓纂序”,署“己酉孟冬上澣年家子

盩厔路慎莊書後";"駢雅訓纂凡例";"目録";"讀駢雅識語"等。

012 欽定同文韻統 PL1188.C4 1910

《欽定同文韻統》六卷,四册一函

- 清允禄(1695—1767)等奉敕撰。
- 清宣統庚戌(1910)理藩部仿殿板重刊朱墨套印本。
- 板匡高 21 厘米,寬 14 厘米,四周雙邊,每半葉 9 行 20 字。白口,單黑魚尾,上鐫書名,中鐫卷次及篇名,下鐫葉碼。
- 内封題"宣統歲次庚戌/欽定同文韻統/本署藏板"。
- 牌記題"理藩部仿殿板重刊"。
- 卷首依次有"御製同文韻統序",署"乾隆歲在庚午冬十二月既望";"奏議";"職名";"目録"。
- 鈐有"賓州丁氏又石森然齋印"。

013 詩經繹參 PL2466.M2 T4 1868

《詩經繹參》四卷,四册一函

- 清鄧翔著。
- 清同治戊辰(1868)朱墨套印本。
- 板匡高 17 厘米,寬 13.5 厘米,四周雙邊,每半葉 9 行 23 字。白口,單黑魚尾,中鐫卷數,下鐫葉碼。
- 内封題"詩經繹參"。
- 卷首依次有"序",署"同治歲在著雍執徐春正月湘鄉蔣益澧";"自序",署"同治甲子冬南海鄧翔巢閣甫識";"義例"。

按:OSU 藏本上有墨筆手批評點。

014 説文廣義 PL1281. H718 W25 1865

《説文廣義》三卷,三册一函

- 清王夫之(1619—1692)撰。夫之,字而農,號薑齋,自稱一瓠道人,更名壺,學者稱船山先生,又稱夕堂先生,自署雙髻外使、檮杌外使,衡陽人。
- 清同治四年(1865)曾氏重刊本。
- 板匡高 19 厘米,寬 12.5 厘米,左右雙邊,每半葉 10 行 22 字。黑口,雙黑魚尾,中鐫"説文廣義"及卷數,下鐫葉碼。
- 内封題"説文廣義三卷"。
- 牌記題"同治四年湘鄉曾氏刊于金陵節署"。
- 卷端題"説文廣義,船山遺書二十三"。
- 卷首有"發例",署"歲在壬戌季秋月乙巳朔船山老農識"。

按:美國哈佛、康奈爾大學各有同様一部。

015 説文校議 PL1281. H718 Y28

《説文校議》十五卷,五册一函

- 清姚文田(1758—1827)、嚴可均(1762—1843)同撰。文田,字秋農,嘉慶四年(1799)進士。可均,字景文,嘉慶五年(1800)舉人。
- 清同治十三年(1874)歸安姚氏重刊本。
- 板匡高 19.5 厘米,寬 15.5 厘米,左右雙邊,每半葉 10 行 24 字。白口,單黑魚尾,中鐫"説文校議"及卷數，下鐫葉碼。

- 内封題"説文校議卅篇"。
- 牌記題"同治十有三年歸安姚氏重刊"。
- 卷端題"説文校議，歸安姚文田、烏程嚴可均同撰"。
- 鈐有"熊本陸軍地方幼年學校所藏"、"東京陸軍幼年學校圖書之印"等印及哈佛燕京圖書館藏書印。

016 説文解字校録 PL1281.H7 1885

《説文解字校録》十五卷，附《説文刊誤》、《説文解字校録》，共十四册一函

- 漢許慎撰，清鈕樹玉(1760—1827)校録。
- 清光緒乙酉(1885)江蘇書局刊本。
- 板匡高 21 厘米，寬 15.5 厘米，左右雙邊，每半葉 7 行 22 字。黑口，單黑魚尾，上鐫"説文解字校録"，中鐫卷數，下鐫葉碼。
- 内封題"説文解字校録"。
- 牌記題"光緒乙酉江蘇書局開雕"。
- 卷端題"説文解字附校録，漢太尉祭酒許慎記"。
- 卷首有"説文解字校録序"，署"嘉慶十年六月吴縣鈕樹玉序"。
- 卷末依次有"墓誌"，署"梁章鉅譔"；"哀悼文"，署"光緒四年九月孫惟善録竟謹識"；"跋"，署"光緒十年歲次甲申仲冬之月吴縣潘祖蔭識"。
- 鈐有"豫生"印。

按：美國哈佛燕京圖書館藏有同樣一部。

017 形聲類篇 PL1201. T47 1891

《形聲類篇》五卷，一册一函

- 清丁履恆(1770—1832)著。
- 清光緒十七年(1891)刊本。
- 板匡高21厘米，寬14.5厘米，四周雙邊，每半葉12行25字。白口，單黑魚尾，中鐫"《形聲類篇》"及卷數，下鐫葉碼及"大亭山館叢書"。
- 内封題"形聲類篇"。
- 牌記題"光緒十七年秋刊于虎林"。
- 卷首依次有"上虞羅氏影印丁履恆答王念孫書原蹟(在昭代經師手簡中)";"鹽城孫氏所藏王念孫與丁履恆書手稿";"復王懷祖先生書";"王懷祖先生來書"。
- 卷末有"跋"，署"道光二十九年歲次己酉閏月既望常熟後學龐大堃謹跋";次有"又跋"，署"大堃又跋"。

按：張舜徽《清人文集别録》曰："形聲類篇有光緒丙申佞漢齋刻本，近又有影印本。"

018 殷商貞卜文字考 PL2456 L66

《殷商貞卜文字考》一卷一册

- 清羅振玉(1866—1940)撰。
- 清宣統二年(1910)玉簡齋刊本。
- 板匡高17厘米，寬13.6厘米，四周單邊，每半葉13行23字。板心細黑口，無魚尾，中鐫書名，下鐫葉碼。

- 鈐有“夏冰”、“學劍齋藏書”印。

019 玉堂字彙 PL1495 M45

《玉堂字彙》四册一函

- 明梅膺祚原本,陳淏子訂正。
- 清同治十一年(1872)經堂藏板。
- 板匡高 13.5 厘米,寬 10.3 厘米,左右雙邊,每半葉 10 行。無魚尾,上鐫集名,下鐫葉碼。
- 内封題“梅誕生先生原本/玉堂字彙/同治十一年新刻、經堂藏板”。
- 卷首有“序”,署“康熙丙辰春古杭陳淏子漫題”。

020 增補五方元音 PL1201.F23

《增補五方元音》四卷,四册一函

- 清凌虛樊撰,年希堯(?—1738)增補。
- 清末石印本。
- 本高 20.2 厘米,寬 13.5 厘米。
- 内封題“堯山凌虛樊騰鳳原本/增補五方元音/上海錦章圖書局印行”。
- 卷首有“增補五方元音序”,署“大清雍正五年歲在丁未夏四月廣甯年希堯敘”;次有“韻釋”;次葉上有“音彙統貫”,下有“詳解韻源”,署“大清光緒十九年歲在癸巳孟春武安燿堂顧德昭容蘇時又敘”。

021 正音撮要

《正音撮要》二卷

- 清高静亭撰。静亭，广东南海县人。
- 清道光甲午年(1834)刊本。
- 板匡高 10.9 厘米，寬 9.7 厘米，左右雙邊，每半葉 9 行 18 字。白口，單黑魚尾，上鐫書名，中鐫卷數，下鐫葉碼。
- 内封題“道光甲午年春鐫/正音撮要/連雲閣藏板”。
- 卷首有“正音集句序”，署“静亭高氏”。

按：美國康奈爾大學藏有寧波華花聖經書房道光丙午(1846)所刊羅伯聃譯述的中英對照本。加州柏克萊大學有佛鎮天寶樓光緒庚子(1900)刻本。

史　部

022　持靜齋書目　Z997.T48

《持靜齋書目》四卷,《續增書目》一卷,附莫友芝《藏書紀要》二卷,共六册一函

- 清丁日昌(1823—1882)輯。日昌,字持靜,一字禹生、雨生,豐順人。
- 清同治庚午(1870)刻本。
- 《書目》板匡高 20 厘米,寬 14.5 厘米,四周雙邊,每半葉 10 行 20 字。白口,單魚尾,上鐫書名,中鐫卷數、篇名,下鐫葉碼。
- 《紀要》板匡高 20.5 厘米,寬 14.5 厘米,四周雙邊,每半葉 10 行 22 字。白口,單魚尾,上鐫書名,中鐫卷數,下鐫葉碼。
- 卷端題"持靜齋藏書紀要"。
- 卷首有序述刻書事,署"二月庚午獨山莫友芝"。

023 大金國志 DS751. Y78 1797

《大金國志》四十卷，六册一函

- 宋宇文懋昭撰。
- 清嘉慶丁巳(1797)掃葉山房校刊本。
- 板匡高20厘米，寬15厘米，左右雙邊，每半葉12行25字。白口，單黑魚尾，上鐫"大金國志"，中鐫卷數及篇名，下鐫葉碼及"掃葉山房"。
- 内封題"嘉慶丁巳年鐫/宋宇文懋昭撰/大金國志/掃葉山房藏板"。
- 卷端題"大金國志，宋宇文懋昭撰，掃葉山房校刊"。
- 卷首有"金國九主年譜"；次有"目録"。

按：美國哈佛燕京圖書館藏有同樣一部。

又一部　五册一函 DS751. Y78 18——

按：此集缺内封，出版年代不詳，款式内容與嘉慶丁巳版同，惟紙質、大小及册數不同。

024 大清律例增修彙纂大成 JQ1515. A5 T3

《大清律例增修彙纂大成》四十卷，二十四册二函

- 清光緒二十四年(1898)石印本。
- 本高19.2厘米，寬13.3厘米。
- 内封題"光緒廿四年增補新例/大清律例增修彙纂大成/附秋審條規、秋審實緩比較、部頒新增/朱文熊署"。
- 卷端題"大清律例彙纂大成"。
- 鈐有"逸圃老農"、"上洋江左書林京都博文書局發

兑”印。

025 東社讀史隨筆 DS735. T893

《東社讀史隨筆》二卷,二册一函

- 清獨醒主人撰。
- 清光緒乙巳年(1905)上海錦章圖書局石印本。
- 板匡高 17.6 厘米,寬 12 厘米,四周雙邊,每半葉 14 行 26 字。白口,單黑魚尾,上鐫書名,中鐫卷次及葉碼。
- 内封題“東社讀史隨筆”。
- 牌記題“發行所英界棋盤街/上海錦章圖書局石印本/印刷所法界白爾路”。
- 卷端題“東社讀史隨筆,獨醒主人撰”。
- 卷首有獨醒主人光緒旃蒙大荒落(乙巳,1905)仲秋月序。

026 樊山政書 KE1649. F3 A3

《樊山政書》二十卷,十册二函

- 清樊增祥(1846—1931)撰。
- 清宣統庚戌(1910)排印本。
- 板匡高 18.3 厘米,寬 13.3 厘米,四周雙邊,每半葉 10 行 21 字。白口,單魚尾,上鐫“樊山政書”,中鐫卷數,下鐫葉碼及“金陵湯明林聚珍書局印”。
- 内封題“樊山政書二十卷”。
- 牌記題“宣統庚戌金陵排印”。
- 端題“樊山政書,恩施樊增祥嘉父”。

- 卷首有“樊山政書自序”，署“宣統二年七月二十五日恩施樊增祥書”。

027 共讀樓書目

《共讀樓書目》十卷，二册一函

- 清國英（1823—1884）編輯。
- 清光緒庚辰（1880）刊本。
- 板匡高12.2厘米，寬10.4厘米，左右雙邊，每半葉9行。白口，單黑魚尾，上鐫書名，中鐫卷數，下鐫葉碼。
- 内封題“光緒庚辰年刊/共讀樓書目/索綽絡氏家塾藏板”。
- 卷首依次爲國英自序、凡例。
- 卷末有于會文跋、條規。

028 歸顧朱三先生年譜合刻 B126.K79

《歸顧朱三先生年譜合刻》三册一函

- 清金吴瀾校刊。
- 清光緒六年（1880）刻本。
- 板匡高13厘米，寬9.5厘米，四周單邊，每半葉9行21字。黑口，單黑魚尾，下鐫葉碼。
- 内封題“歸顧朱三先生年譜合刻/附觀復堂稿”。
- 卷首有“總序”，署“光緒己卯三月青浦王芝年”；又一序，署“光緒六年庚辰春王正月德清俞樾”；次有“跋”，署“光緒六年庚辰暮春秀水後學杜文瀾”。
- 卷首依次有“序”，署“癸丑臘月西莊居士王鳴盛”；

"序",署"乾隆戊申春二月旬又九日嘉定汪照";"序",署"戊申八月十又六日錢大昕";"識",署"光緒五年二月嘉興金吴瀾螺青甫"。

- 首册爲《歸震川年譜》。
- 二册爲《顧亭林先生年譜》。卷首依次有序,署"光緒四年秋七月嘉興金吴瀾";"國史儒林傳";"神道表",署"鄞全祖望"。
- 三册爲《朱孝定先生編年毋欺録》。卷首依次有"序",署"光緒六年季夏之月嘉興金吴瀾公安氏";"跋朱柏廬先生毋欺録後",署"光緒六年太歲上章執徐季夏之月瀨江周榮植";"柏廬先生像讚";(蘇州府志)"朱柏廬先生傳";楊無咎"朱柏廬先生傳";"朱柏廬先生自傳";"朱柏廬先生墓誌銘",署"訪濂彭定求撰"。

按:《朱孝定先生編年毋欺録》册首光緒六年金吴瀾所撰之序謂:"惟柏廬先生年譜遍求未得,殆當時未有編輯者歟。茲從王茂才德營家借有《毋欺録》鈔本,敬以編年之法增纂遺事。"此 OSU 本僅收録《毋欺録》卷上,以下闕如。又内封及王芝年總序及《觀復堂稿》也不見。OSU 所藏當是殘編。據著録,耶魯大學藏有全本。

029 國朝詩人徵略

《國朝詩人徵略》六十卷,十六册二函

- 清張維屏(1780—1859)輯。
- 清道光十年(1830)富文齋刊本。

- 板匡高 17.5 厘米，寬 12 厘米，左右雙邊，每半葉 10 行 22 字。黑口，單黑魚尾，上鐫“國朝詩人徵略”，中鐫卷數，下鐫葉碼。
- 内封題“國朝詩人徵略”。
- 卷端題“國朝詩人徵略，番禺張維屏子樹輯”。
- 卷首有“序”，署“道光十年二月維屏再識”；次有“序”，署“嘉慶二十有四年歲次己卯夏四月番禺張維屏”。
- 卷末刻有“粤東省城西湖街富文齋刊刷”雙行小字。

030 海源閣藏書目 Z3108. L5 Y2

《海源閣藏書目》一册一函

- 清楊紹和(1832—1875)編。紹和，字彦合，號勰卿，同治四年(1865)進士。
- 清光緒十四年(1888)刊本。
- 板匡高 20 厘米，寬 13.6 厘米，四周單邊，每半葉 10 行 20 字。白口，單黑魚尾，中鐫“楊目”，下鐫葉碼。
- 内封題“聊城楊氏海源閣藏書目”。
- 牌記題“光緒戊子夏六月元和江氏師鄦室刊”。
- 卷末有楊紹和同治己巳(1869)“楹書隅録跋”及光緒十三年(1887)江標跋。

031 皇朝開國方略 DS753 H8 1887

《皇朝開國方略》三十二卷，六册一函

- 清阿桂(1717—1797)等奉敕撰。
- 清光緒丁亥年(1887)廣百宋齋刊本。

- 板匡高 15.4 厘米,寬 9.8 厘米,四周雙邊,每半葉 13 行 31 字。白口,單黑魚尾,上鐫書名,中鐫卷次及卷名,下鐫葉碼。
- 内封題“皇朝開國方略”。
- 牌記題“光緒丁亥仲春廣百宋齋校印”。
- 卷端題“皇清開國方略”。
- 卷首依次有“皇清開國方略序”、“皇清開國方略書成聯句”、“目録”。
- 卷末有阿桂、梁國治、和珅跋。
- 鈐有“冬嘉園文庫”印。

032 皇朝武功紀盛 DS754 C333

《皇朝武功紀盛》四卷,一册一函

- 清趙翼(1727—1814)撰。翼,字雲崧,號甌北,江蘇陽湖人,乾隆二十六年(1761)探花。
- 清乾隆五十七年(1792)湛貽堂藏板。
- 板匡高 18 厘米,寬 13.5 厘米,左右雙邊,每半葉 11 行 21 字。白口,單黑魚尾,上鐫書名,中鐫卷數,下鐫葉碼。
- 内封題“皇朝武功紀盛/湛貽堂藏板”。
- 卷端題“皇朝武功紀盛/陽湖趙翼雲崧”。
- 卷首依次有盧文弨、趙翼“皇朝武功紀盛序”。
- 鈐有“下毛石井氏藏書記”印。

033 彙刻書目 Z3102.K8 1889

《彙刻書目》二十册二函

- 清顧修輯，朱學勤(1825—1875)補，王懿榮(1845—1900)重編。
- 清光緒十二至十五年(1886—1889)刊本。
- 板匡高13.5厘米，寬10厘米，左右雙邊，每半葉11行25字。黑口，單黑魚尾，中鐫卷數、篇名，下鐫葉碼。
- 内封題“彙刻書目二十册”。
- 牌記題“光緒十二年春三月上海福瀛書局借仁和朱氏增訂本重編付梓十五年夏四月刊成福山王懿榮題”。

034 繪圖烈女傳 DS734.L5 1909

《繪圖烈女傳》四卷，四册一函

- 清曉星樵人校。
- 清宣統己酉(1909)掃葉山房石印。
- 板匡高16.9厘米，寬12.1厘米，四周單邊，每半葉11行26字。白口，單黑魚尾，上鐫“列女全傳”，中鐫卷數，下鐫葉碼及“掃葉山房藏板”。
- 内封題“宣統己酉年/繪圖列女傳”。
- 牌記題“宣統元年石印掃葉山房”。
- 卷端題“繪圖典故烈女全傳，曉星樵人復校重刊”。
- 首册有彩色插圖一幅。

035 積古齋鐘鼎彝器款識 PL2448.J8 1804

《積古齋鐘鼎彝器款識》十卷，四册一函

- 清阮元(1764—1849)編。元，字伯元，號蕓臺，江蘇儀徵人,乾隆五十四年(1789)進士。

- 清嘉慶九年(1804)刊本。
- 板匡高 18.1 厘米,寬 12.2 厘米,四周單邊,每半葉 10 行 24 字。白口,單黑魚尾,上鐫"積古齋鐘鼎彝器款識",中鐫卷數,下鐫葉碼。
- 内封題"積古齋鐘鼎彝器款識"。
- 卷端題"積古齋鐘鼎彝器款識,揚州阮元編録"。
- 卷首依次有"積古齋鐘鼎彝器款識序",署"嘉慶九年歲次甲子中秋日揚州阮元";目録;"商周銅器説"上、下篇;"商周兵器説";"積古齋鐘鼎彝器款識後序",署"嘉慶九年龍集閼逢困敦陽月丙辰朔弟子朱爲弼敬撰"。

036 金石索

《金石索》:《金索》六卷,《石索》六卷,共二十四册三函

- 清馮雲鵬(1765—1839)、馮雲鵷(1779—1857)同輯。
- 清光緒丙午年(1906)石印本。
- 本高 19.8 厘米,寬 13.2 厘米。
- 内封題"道光元年開鐫/金石索"。
- 牌記題"光緒丙午年上海新馬路文新局石印千頃堂發兑"。

按:此編顯係據道光元年初刻本翻印。北美普林斯頓大學、南加州大學等藏有初刻本。

037 京塵雜録 DS795. 2 Y35

《京塵雜録》四卷，一册一函

- 清楊懋建(1807—?)著。懋建，字掌生，號爾園，别號蘂珠舊史，道光十一年(1831)恩科舉人。
- 清光緒丙戌年(1886)上海同文書局刊本。
- 板匡高 17.5 厘米，寬 12.3 厘米，四周單邊，每半葉 12 行 30 字。細黑口，單黑魚尾，上鐫書名，中鐫卷次、卷目及葉碼。
- 内封題“楊掌生孝廉著/京塵雜録/長安看花記、辛壬癸甲録、丁年玉筍志、夢華瑣簿”。
- 卷端題“長安看花記/蘂珠舊史著”。
- 卷首有“楊掌生孝廉京塵雜録序”，署“光緒丙戌夏四月上海同文書局主人”。
- 卷尾有桂林倪鴻丙戌跋。

038 荆駝逸史 DS753. C333

《荆駝逸史》二十四册四函

- 清陳湖逸士編。
- 清刻本。
- 板匡高 18.2 厘米，寬 13.5 厘米，四周雙邊，每半葉 8 行 17 字。白口，單黑魚尾，上鐫“荆駝逸史”，中鐫卷數，下鐫葉碼。
- 内封題“陳湖逸士輯定荆駝逸史/後附平臺紀略”。
- 卷首有“荆駝逸史”序，署“陳湖逸士撰”；次爲“總目録”。
- 鈐有朱文“櫻山文庫”印。

按:此編不分卷。據“總目録”,分爲四十七册。一至七爲“三朝野紀”;八爲“東林事略”、“東林事略本末論”;九至十一爲“啟禎兩朝剥復録”、“熹朝忠節死臣列傳”;十二爲“甲申忠佞紀事”、“甲申紀變實録”、“甲申紀事”、“北俠紀略”;十三爲“汴圍濕襟録”;十四至十六爲“所知録”;十七至二十二爲“聖安本紀”;二十三至二十四爲“江陽城守紀”,附“許重熙城守紀”;二十五爲“盧司馬殉忠實録”、“盧公遺事”;二十六爲“袁督師計斬毛文龍始末”、“入長沙紀”;二十七爲“粤中偶記”、“航澥遺聞”;二十八“平蜀記事”、“李仲達被逮紀略”、“徐念陽定蜀記”、“攻渝記事”、“偈變紀略”;二十九“四王合傳”;三十“江變紀略”;三十一“東塘日劄”;三十二“滄州記事”、“仿指南録”;三十三至三十八“甲行日注”;三十九“恩恤諸公志略”、“孫高陽前後督師略”、“東陽兵變”;四十“閩游月記”;四十一“風倒梧桐記”;四十二“揚州十日記”、“庚寅始安事略”、“平回紀略”;四十三“平吴事略”、“人變紀略”、“全吴紀略”、“歷年城守記”;四十四“明亡述略”;四十五“劉公死義紀”、“僞官據城紀”、“懿安事略”、“江陵紀事”、“孫愷陽殉城論”、“永曆紀事”;四十六“平定耿逆記”、“錢氏家變録”;四十七“兩粤夢遊紀”。後附“平臺紀略”。

039 歷朝紀事本末

《歷朝紀事本末》五百六十六卷,四十六册五函

- 清朱記榮編。
- 清光緒戊戌(1898)石印本。
- 本高 19.3 厘米,寬 13 厘米。
- 内封題"歷朝紀事本末"。
- 牌記題"光緒戊戌仲冬慎記書莊石印"。
- 卷首有葉維干"序",署"光緒十有四年歲在戊子";"匯刊紀事本末七種序",署"光緒十有四年春二月華亭閔華祥撰"。

040 歷代帝王年表

《歷代帝王年表》三卷,三册一函

- 清齊召南(1706—1768)編。召南,天臺人。
- 清光緒十二年(1886)掃葉山房刊本。
- 板匡高 13.8 厘米,寬 9.8 厘米,左右雙邊,每半葉 8 行。細黑口,無魚尾,中鐫書名、卷數、卷名及葉碼。
- 内封題"歷代帝王年表"。
- 牌記題"光緒十有二年歲在丙戌中春之月蘇州掃葉山房重校刊"。
- 卷端題"歷代帝王年表　史官天臺齊召南編"。
- 卷首有胡天遊"序"、齊召南乾隆丁酉(1777)"自序"、"帝王總表目次"。
- 鈐有"掃葉山房督造書籍"印。

041 歷代史略

《歷代史略》六卷,八册一函

- 清江楚書局刊本。

- 板匡高 17.5 厘米，寬 13.5 厘米，左右雙邊，每半葉 10 行 22 字。黑口，單黑魚尾，上鐫"歷代史略"及卷數，下鐫葉碼。
- 内封題"歷代史略"。
- 牌記題"江楚書局"。

按：OSU 本首卷封二有墨筆題詞："蘆洲先生所惠，昭和四年三月爲祝大東文化學院畢業，玄拜手。"又，美國哈佛、耶魯和達特茅斯大學及加拿大多倫多大學皆有江楚書局本，亦都不注年代。

042 歷代史論 DS735. C443 1885

《歷代史論》十二卷，宋史論三卷、元史論一卷，附谷應泰明史論四卷、高士奇左傳史論二卷，共二十二卷，八册一函

- 明張溥(1602—1641)著，清孫琮評點。
- 清光緒乙酉年(1885)文陞閣朱墨套印本。
- 板匡高 13.2 厘米，寬 10.4 厘米，四周單邊。白口，單黑魚尾，上鐫書名，中鐫卷數及卷名，下鐫葉碼。
- 内封題"孫執升評點歷代史論張溥撰"。
- 牌記題"光緒乙酉年孟夏粤東文陞閣刊"。
- 卷端題"歷代史論，明太倉張溥論正"。
- 卷首光緒五年(1879)譚宗浚"序"、孫琮康熙丁巳(1677)"歷代史論原序"和"目録"。

043 李氏五種合刊 DS706. 5. L5 1888

《李氏五種合刊》：《歷代地理韻編》二十卷，《皇朝輿

地韻編》二卷,《歷代地理沿革圖》一卷,《皇朝一統輿圖》一卷,《歷代紀元編》三卷,共十二册二函

- 清李兆洛(1769—1841)輯。兆洛,字紳琦,更字申耆,晚號養一老人,學者稱養一先生,江蘇陽湖人,嘉慶十年(1805)進士。
- 清光緒戊子(1888)掃葉山房刊本。
- 板匡高 18 厘米,寬 13 厘米,四周雙邊,每半葉 8 行 22 字,注文雙行。白口,單黑魚尾,上鐫"歷代地理志韻編今釋",中鐫卷數及篇名,下鐫葉碼。
- 内封題"李氏五種合刊"。
- 牌記題"光緒戊子春月掃葉山房校刊"。
- 卷首依次有序,署"同治十年辛未十月合肥李鴻章";校勘序,署"光緒四年十一月順德馬貞榆";"凡例",署"道光十有七年六月朔集字竟因識李兆洛"。
- 鈐有"大村圖書"、"掃葉山房督造書籍"印。

044 理學宗傳 B126. S83

《理學宗傳》二十六卷,十二册一函

- 清孫奇逢(1585—1675)輯。奇逢,字啟泰,號鍾元,容城人,明萬曆二十九年(1601)舉人。
- 清光緒庚辰(1880)浙江書局刊本。
- 板匡高 17 厘米,寬 12.5 厘米,左右雙邊,每半葉 9 行 20 字。白口,單黑魚尾,上鐫"理學宗傳",中鐫卷數及篇名,下鐫葉碼。
- 内封題"理學宗傳"。
- 牌記題"光緒庚辰歲浙江書局刻"。

- 卷端題“理學宗傳,容城孫奇逢輯,門人魏一鰲、長男立雅仝編”。
- 卷首依次有“理學宗傳序”,署“康熙丙午孟冬睢陽後學湯斌”;“理學宗傳敘”,署“康熙五年歲次丙午仲夏廿一日辛丑後學菁臺張沐”;“理學宗傳敘”,署“康熙五年清明前三日容城後學孫奇逢”;“義例”;“劉宗周傳”。
- 卷末有“跋後”,署“光緒辛巳中春無錫後學秦緗業”。

045 南宋書 DS751.5.C47

《南宋書》六十八卷,六册一函

- 明錢士升(1575—1652)撰。
- 清嘉慶丁巳(1797)掃葉山房刊本。
- 板匡高 21.5 厘米,寬 14.5 厘米,左右雙邊,每半葉 12 行 25 字。白口,單黑魚尾,上鐫“南宋書”,中鐫卷數及篇名,下鐫葉碼及“掃葉山房”。
- 卷端題“南宋書,明錢士升增削,許重熙贊,掃葉山房校刊”。
- 卷首有“敘”,署“嘉慶丁巳十月上澣南沙席世臣撰”;次有“目録”。

046 契文舉例 PL2456.S8

《契文舉例》二卷,二册

- 清孫詒讓(1848—1908)撰。詒讓,字仲容,號籀高(廎),浙江里安人,同治六年(1867)舉人。

- 清光緒甲辰(1904)蟫隱廬刊本。
- 板匡高 14.3 厘米,寬 9.8 厘米,左右雙邊,每半葉 12 行。細黑口,無魚尾。
- 内封題“孫氏契文舉例二卷蟫隱廬印行”。
- 卷端題“契文舉例,里安孫詒讓”。
- 卷首有“契文舉例敘”,署“光緒甲辰年十一月籀高居士書”。

按:《清人文集別録》稱:“大抵詒讓自學,篤實精謹,湛深經術,而尤長於説字。晚歲得丹徒劉氏所印鐵雲藏龜,窮兩月力校讀之,撰成契文舉例二卷,爲吾國學者從事甲骨文字研究之始。”

047 欽定滿洲源流考 DS783.C44 1777

《欽定滿洲源流考》二十卷,八册一函

- 清阿桂、於敏中(1714—1780)、和珅(1750—1799)等奉敕撰。
- 清乾隆四十二年(1777)刊本。
- 板匡高 19.2 厘米,寬 14.3 厘米,四周雙邊,每半葉 9 行 20 字。白口,單黑魚尾,上鐫“欽定滿洲源流考”,中鐫卷數及篇名,下鐫葉碼。
- 卷首依次有“上諭”;阿桂、于敏中、和珅及董誥所呈奏摺;“凡例”;“辦理《欽定滿洲源流考》諸臣職名”;“目録”。

048 欽定元史語解 PL407.C55

《欽定元史語解》二十四卷,八册一函

- 清刻本。
- 板匡高 20 厘米,寬 14 厘米,左右雙邊,每半葉 9 行 20 字。白口,單黑魚尾,中鐫"元史語解"、卷數及篇名,下鐫葉碼。
- 鈐有"黑龍江倭勒氏福森布"印。

049 拳匪紀事 DS771 S165

《拳匪紀事》六卷,六册一函

- 日本佐原篤介(1874—1932)、清漚隱同輯。
- 清光緒辛丑年(1901)刊本。
- 板匡高 15.6 厘米,寬 10.7 厘米,四周雙邊,每半葉 14 行。白口,單黑魚尾,中鐫書名及卷數,下鐫葉碼。
- 卷端題"拳匪紀事/日本佐原篤介、浙西漚隱同輯"。
- 卷首有漚隱光緒二十七年辛丑"拳匪紀事序","凡例"。
- 鈐有"胡蓮伯書籍"印。

050 拳教析疑説 DS771 L29

《拳教析疑説》一卷,一册

- 清勞乃宣(1843—1921)著。乃宣,字季瑄,號玉初,桐鄉人,同治十年(1871)進士。
- 清末刊本。
- 板匡高 18.7 厘米,寬 13 厘米,四周雙邊,每半葉 8 行。白口,單黑魚尾,上鐫書名,下鐫葉碼。
- 卷端題"拳教析疑説"。

- 卷末有“拳教析疑書後”及桂嵩慶跋。
- 鈐有“鄧嗣禹”印。

按:此編無内封、牌記。“書後”部分卷端題“義和拳教門源流考書後”,板心題“拳教析疑説書後”。桂嵩慶跋曰:“右義和拳教門源流考並書後爲知直隸吴縣橋事勞君乃宣所作。”由是知此編一書有二名。從鈐印得知此書爲已故義和團研究專家,原美國印第安那大學教授鄧嗣禹所藏。查相關目録,知美國芝加哥大學和哥倫比亞大學東亞圖書館亦各有一本。哥大本書脊題“拳教析疑記”。

051 群碧樓書目 Z997. T2 T35

《群碧樓書目》九卷,附《書衣雜識》一卷,共四册一函

- 清鄧邦述(1868—1939)編。
- 清宣統三年(1911)刊本。
- 板匡高 14.3 厘米,寬 12 厘米,左右雙邊,每半葉 11 行 24 字。黑口,單黑魚尾,下鎸葉碼。
- 卷端題“群碧樓書目初編,江甯鄧氏收藏”。
- 卷首爲正闇居士宣統三年序。

052 三國志 DS748.2. C4 1871

《三國志》含《魏書》三十卷、《蜀書》十五卷、《吴書》二十卷,共六十五卷,十四册二函

- 晉陳壽(233—297)撰,宋裴松之(372—451)注。
- 清同治十年(1871)成都書局刊本。

- 板匡高 22.9 厘米，寬 15.2 厘米，左右雙邊，單黑魚尾。板心中鐫卷目、卷數及葉碼。
- 内封題“三國志”。
- 牌記題“同治十年十月恭摹殿本刊於成都書局”。
- 卷端題“晉著作郎巴西中正安漢陳壽撰，宋太中大夫國子博士聞喜裴松之注”。
- 卷首有“上三國志注表”，署“元嘉六年七月二十四日中書侍郎西鄉侯臣裴松之上”；次有“目録”及“三國志目録考證”。

053　山東考古録　DS793. S4 K8 1882

《山東考古録》一卷，《續山東考古録》三十二卷，共七册一函

- 清顧炎武(1613—1682)撰。炎武，字寧人，號亭林，初名繼紳，更名絳，字忠清，崑山人。
- 清光緒八年(1882)山東書局重刊本。
- 板匡高 18 厘米，寬 13.5 厘米，左右雙邊，每半葉 10 行 24 字。白口，單黑魚尾，上鐫書名，下鐫葉碼。
- 《山東考古録》内封題“光緒八年七月/山東考古録/山東書局重刊”。
- 卷端題“山東考古録，崑山顧炎武寧人著”。
- 《續山東考古録》，清葉圭綬撰。
- 板匡高 18.7 厘米，寬 14 厘米，左右雙邊，每半葉 10 行 24 字，間有雙行小字。白口，單魚尾，上鐫書名，中鐫卷數及篇名，下鐫葉碼。
- 内封題“續山東考古録”。

- 牌記題"光緒八年七月山東書局重刊"。
- 卷首依次有"重刊續山東考古録序",署"光緒八年歲次壬辰午秋七月任道鎔序";"杜序",署"濱州杜受田序";"劉序",署"道光三十年端午後一日安邱劉燿椿";"俞序",署"道光二十有八年夏五月海鹽俞浩湛持甫譔";"孔序",署"道光己酉冬孟朔旦曲阜世愚姪孔憲庚謹序於顧廬";"自序",署"道光二十八年夏月滄州葉圭綬子佩甫識";"例言";"目次"。

按:此本曾藏美國密歇根大學。

054 史記

DS748. S7 1878

《史記》一百三十卷,十六册二函

- 漢司馬遷著,宋裴駰注。遷,字子長,夏陽人。
- 清光緒四年(1878)金陵書局刊本。
- 板匡高 21 厘米,寬 15 厘米,左右雙邊,每半葉 12 行 25 字。白口,單黑魚尾,中鎸"史記"及卷數,下鎸葉碼。
- 内封題"史記"。
- 卷首牌記題"光緒四年冬日金陵書局印行"。每卷末又有雙行牌記"金陵書局仿汲古閣本刊"。

055 士禮居藏書題跋記

Z989. H8 A3

《士禮居藏書題跋記》六卷,四册一函

- 清黄丕烈(1763—1825)著,潘祖蔭(1830—1890)輯。丕烈,字紹武,號蕘圃,别署復翁,江蘇吴縣人,乾隆五十三年(1788)舉人。

- 清光緒壬午(1882)刻本。
- 板匡高 16.5 厘米,寬 12.5 厘米,左右雙邊,每半葉 11 行 23 字。黑口,單魚尾,上鐫篇名,下鐫葉碼。
- 卷端題"士禮居藏書題跋記,吴縣黄丕烈"。
- 卷末有跋,述刻書事,署"光緒壬午十二月吴縣潘祖蔭識"。

按:此編書眉有批語甚多,墨色字體各異,頗值玩味。

056 史姓韻編 CS2990.W25 1884

《史姓韻編》六十四卷,十六册二函

- 清汪輝祖(1731—1807)輯,馮祖憲重校。輝祖,字焕曾,蕭山人。
- 清光緒甲申年(1884)耕餘樓書局聚珍板。
- 板匡高 14.8 厘米,寬 10 厘米,四周單邊,單黑魚尾。白口,上鐫書名,中鐫卷數,下鐫葉碼。
- 内封題"蕭山汪焕曾先生原本/史姓韻編/耕馀樓書局聚珍板"。
- 牌記題"光緒甲申孟冬月慈谿耕餘樓重編校印"。
- 卷端題"史姓韻編,蕭山汪輝祖焕曾輯,慈谿馮祖憲辨齋重校"。
- 卷首依次有馮祖憲重刻序、魯仕驥"史姓韻編序"、汪輝祖自序。

057 閒談消夏録 PL2627. W36

《閒談消夏録》十二卷，每卷分上下，共十二册一函

- 外史氏著。
- 清翠筠山房刊本。
- 板匡高 13.5 厘米，寬 9.6 厘米，每半葉 10 行 21 字，左右雙邊。白口，單黑魚尾，上鐫“閒談消夏録”，中鐫卷數，下鐫葉碼。無敘、跋、刊刻年代。
- 鈐有“映月山房”印。

058 脩史试笔 DS749.3 L336

《脩史試筆》二卷，一册一函

- 清藍鼎元（1680—1733）纂，曠敏本（1738—?）評。鼎元，字玉霖，漳浦人。
- 清雍正戊申年（1728）刊本。
- 板匡高 12.7 厘米，寬 10 厘米，左右雙邊，每半葉 10 行 22 字。白口，單黑魚尾，中鐫書名，下鐫葉碼。
- 内封題“脩史試筆”。
- 卷端題“脩史試筆/漳浦藍鼎元玉霖氏纂/衡山曠敏本魯之氏評”。
- 卷首有曠敏本雍正戊申年序。

059 藝風藏書記 Z3108. L5 M5

《藝風藏書記》八卷，附《藝風讀書記》四卷，共四册一函

- 清繆荃孫（1844—1919）編。荃孫，字炎之，一字筱珊，晚號藝風，江蘇江陰人，光緒二年（1876）進士。
- 清宋荦（1634—1713）奉敕校刊。

- 清光緒辛丑(1901)刻本。
- 板匡高 18.1 厘米,寬 13.4 厘米,左右雙邊,每半葉 11 行 23 字。黑口,單黑魚尾,中鐫書名及卷數,下鐫葉碼。
- 内封題"藝風藏書記八卷"。
- 牌記題"庚子九月刻辛丑九月訖工"。
- 卷首有繆荃孫辛丑十二月"藏書記緣起"。

060 御批資治通鑑綱目全書 DS745. S717 Y8 1902

《御批資治通鑑綱目全書》一百零九卷,二十六册四函

- 清宋犖(1634—1713)奉敕校刊。
- 清光緒壬寅(1902)石印本。
- 本高 19.6 厘米,寬 13 厘米。
- 内封題"御批資治通鑑綱目全書"。
- 牌記題"光緒壬寅孟冬月上海久敬齋石印"。

按:此編似據康熙四十年(1701)内府刻本或揚州詩局刻本石印。

061 元史類編 DS752. S5 1795

《元史類編》四十二卷,二十册二函

- 清邵遠平(1637—?)撰,席世臣校。
- 清乾隆乙卯(1795)掃葉山房刊本。
- 板匡高 21.5 厘米,寬 15 厘米,左右雙邊,每半葉 12 行 25 字。白口,單黑魚尾,上鐫"元史類編",中鐫卷數、篇名及葉碼,下鐫"掃葉山房"。
- 卷首依次有"敘",署"乾隆乙卯四月上浣南沙席世

臣撰";"進呈元史類編表";"海運圖考";"朔漠圖考";"凡例",署"遠平敬識";"總目"。

又一部　十二册二函 DS752.S5 1795a

- 款式同上,編排順序略異,依次爲:"敘","凡例","進呈元史類編表","海運圖考","朔漠圖考","總目",卷一至卷四十二。

062 增批史略 DS735.C4886 1899

《增批史略》八十七卷,十六册二函

- 清朱堃輯。
- 清光緒己亥(1899)萬本書局朱墨套印本。
- 板匡高 14.5 厘米,寬 10.5 厘米,左右雙邊,每半葉 13 行 28 字。白口,單黑魚尾,上鐫"史略"及卷數,中鐫書名及篇名,下鐫葉碼。
- 内封題"增批史略/西湖街寶珍樓發售"。
- 牌記題"光緒己亥仲夏萬本書局校印"。
- 卷首有"敘",署"同治六年夏五月中浣年愚姪孫家鼐拜序并書";次有"敘",署"同治五年歲次柔兆攝提格相月皖南筠如朱堃序於沙羨官廨"。
- 鈐有香港中文大學圖書館藏書印。

063 中國地名韻语新讀本 DS706.C475

《中國地名韻語新讀本》一册

- 清陳樹鏞(1829—1888)編纂。樹鏞,字慶生,新會人。

- 清光緒二十八年(1902)上海廣智書局刊本。
- 板匡高 15.7 厘米,寬 11.7 厘米,四周雙邊,每半葉 12 行。白口,單黑魚尾,上鐫書名,中鐫卷名,下鐫葉碼。
- 内封題"中國地名韻語新讀本"。
- 卷端題"中國地名韻語新讀本,新會陳樹鏞慶生纂,番禺韓名基曇首補"。
- 卷首有"敘",署"任公敘于滬江之拓胸樓"。
- 卷尾有版權葉,内容近於現代出版物。詳述如下:

  編纂者:陳樹鏞慶生

  印行者:陳憲揚

  印刷所:上海英界大馬路同樂里廣智書局活版部

  代售處:上海英界大馬路同樂里廣智書局

  光緒二十八年(1902)七月廿二日印刷

  光緒二十八年八月初五日發行

  定價:大洋貳角

064 藏书紀要 Z987.S9 1889

《藏書紀要》,附《流通古書約》,共一册一函

- 清孫從添(1692—1767)著。從添,號石芝,江蘇常熟人。
- 清光緒乙丑(1889)娱園叢刻本。
- 板匡高 17.3 厘米,寬 13.5 厘米,左右雙邊,每半葉 12 行 23 字。單黑魚尾,板心中鐫卷名,下鐫葉碼。
- 内封題"流通古書約附/藏書紀要"。
- 卷端題"藏書紀要,常熟孫從添慶增著,仁和許增邁

孫刊”。

- 卷末附曹溶《流通古書約》。

按：本編卷首有《娛園叢刊》首封，題“娛園叢刊十種/虞樹楊沂孫題”。次爲許邁孫光緒乙丑四月題識、娛園叢刻總目、光緒甲申夏六月譚獻“娛園叢刻敘”及樊增祥題辭。是知本編乃爲叢刻之第一種，然本館並無其餘九種。

子 部

065 二程全書

《二程全書》:《二程遺書》二十五卷、附録一卷,《二程外書》十二卷,《伊川文集》八卷、附録一卷,《明道文集》五卷,《伊川易傳》四卷,《程氏經説》八卷,《二程粹言》二卷,共二十册二函

- 宋程顥(1032—1085)、程頤(1033—1107)撰。
- 清光緒戊申年(1908)重刊本。
- 板匡高 18 厘米,寬 13.5 厘米,左右雙邊,每半葉 12 行 22 字。黑口,雙黑魚尾,上鎸"二程遺書",中鎸卷數,下鎸葉碼。
- 内封題"二程全書"。
- 牌記題"光緒戊申年澹雅书局重刊"。
- 卷端題"河南程氏遺書"。
- 卷首有"欽定四庫全書提要"、"目録"。

066 格致鏡原

《格致鏡原》一百卷,二十四册四函

- 清陳元龍(1652—1736)編。
- 清雍正乙卯(1735)刊本。
- 板匡高 16.5 厘米,寬 11 厘米,四周雙邊,每半葉 11 行 21 字。黑口,雙黑魚尾,上鎸"格致鏡原"及卷數,中鎸篇名,下鎸葉碼。
- 内封題"格致鏡原"。
- 卷首有"格致鏡原序",署"雍正乙卯正月既望八十四老人陳元龍識";次有"格致鏡原凡例",署"丁酉臘月陳元龍自識"。

按:美國加州柏克萊、明尼蘇達、耶魯、哈佛、康奈爾大學各藏有同樣一部。

067 鴻雪因緣

《鴻雪因緣》初、二、三集,共三册一函

- 清麟慶(1791—1846)著。
- 清光緒丙戌(1886)石印本。
- 本高 20 厘米,寬 12.6 厘米。
- 内封題"鴻雪因緣"。
- 牌記題"道光丁未秋七月重雕于揚州光緒丙戌上海同文書局石印"。

068 繪像八寶仙傳

《繪像八寶仙傳》四卷,四册一函

- 祁縣修善壇刊印。

- 清宣統二年(1910)刊本。
- 板匡高 18 厘米,寬 13 厘米,四周雙邊,每半葉 8 行 20 字。白口,單黑魚尾,上鐫“八寶仙傳”,中鐫卷數,下鐫“修善壇刊印”及葉碼。
- 内封題“孚佑帝君降/繪圖八寶仙傳/大清宣統庚戌/祁邑修善堂敬刊”。
- 卷首有“孚佑帝君序”,署“大清宣統二年八月二十四日降”;次有“多寶佛序”,署“大清宣統二年八月十九日降”。

069 校訂困學紀聞集證 PL2272.5 W34 1807

《校訂困學紀聞集證》二十卷,十二册一函

- 宋王應麟(1223—1296)撰。應麟,字伯厚,又字厚齋,號深寧居士,鄞縣人。
- 清嘉慶十二年(1807)刊本。
- 板匡高 18.1 厘米,寬 13.3 厘米,左右雙邊,每半葉 11 行 25 字。黑口,單黑魚尾,上鐫“困學紀聞五箋集証”,中鐫卷數,下鐫葉碼。
- 内封題“困學紀聞五箋/何義門、閻潛邱、全謝山、萬蔚亭、方樸山、程易田、錢竹汀先生箋釋”。
- 卷端題“校訂困學紀聞集證,浚儀王應麟伯厚、潛邱閻氏、謝山全氏、易田程氏、義門何氏、樸山方氏、蔚亭萬氏、辛楣錢氏、四明屠繼序仝校補”。
- 卷首有“陳序”,署“嘉慶十二年丁卯秋季廣東督學使者錢唐陳嵩慶譔”;“四庫提要”;牟應龍序;袁桷序;全祖望序。

- 鈐有"韓蔭城"印。

070 金石識別 QE372. C45 1897

《金石識別》十二卷,一册一函

- 美國代那撰,美國瑪高温口譯,華蘅芳筆述。
- 清光緒丁酉年(1897)上海著易堂石印本。
- 内封題"金石識別"。
- 牌記題"光緒丁酉仲夏月上海著易堂石印"。
- 卷端題"金石識別,美國代那撰,美國瑪高温口譯,金匱華蘅芳筆述"。卷首有華蘅芳"金石識別序"。

071 理學逢源

《理學逢源》十二卷,十二册一函

- 清汪紱(1692—1759)集。紱,字燦人,號雙池,婺源人。
- 清光緒丁酉年(1897)刊本。
- 板匡高 19.5 厘米,寬 13.1 厘米,四周雙邊,每半葉 10 行 22 字。白口,單黑魚尾,上鐫書名,中鐫卷數及篇類名,下鐫葉碼。
- 内封題"長安趙展如中丞鑒定/理學逢源/同邑後學余家鼎謹署"。
- 牌記題"光緒丁酉秋月重刻"。
- 卷端題"理學逢源,婺源汪紱雙池集,同邑後學董昌璵厚山校"。
- 卷首依次有沈維鐈道光十八年(1838)序,汪紱乾隆序,例言,目次,圖(6 葉)。

072 墨林今話 ND1048.C4 1852

《墨林今話》十八卷,附續編一卷,共六册一函

- 清蔣寶齡(1781—1840)撰。寶齡,字子延,號霞竹,江蘇昭文人。
- 清咸豐二年(1852)刊本。
- 板匡高 15.7 厘米,寬 12.7 厘米,四周單邊,每半葉 10 行 21 字。白口,單黑魚尾,上鐫書名,中鐫卷數,下鐫葉碼。
- 内封題"墨林今話/咸豐二年秋九月次閑趙之琛"。
- 卷首依次有"序",署"咸豐紀元辛亥夏四月丹徒嚴保庸謹啟";"墨林今話敘",署"咸豐二年壬子九月下旬錢唐戴熙并書";錢塘陳文述等"題詞"。
- 鈐有"嘉興陳其榮珍藏記"、"徐潛安珍藏書畫印"、"良伯"印。

按:卷中有朱筆句讀,又有墨筆批注多則,字秀美,義中肯。

073 欽定授時通考 S471.C6 S55

《欽定授時通考》七十八卷,二十四册二函

- 清弘晝(1712—1770)監理,鄂爾泰(1677—1745)、張廷玉(1672—1755)總裁,蔣溥(1708—1761)等纂修。
- 清乾隆七年(1742)刊本。
- 板匡高 21 厘米,寬 14.7 厘米,四周雙邊,每半葉 11 行 21 字。白口,單黑魚尾,上鐫"欽定授時通考",中鐫卷數、篇名,下鐫葉碼。

- 卷首有乾隆七年(1742)御製序,銜名,上諭,奏摺,凡例,目録。
- 鈐有"蕓樓"、"今闢天彭之印"、"黟山李氏藏書"印。

074 清河書畫舫 ND1043. C335

《清河書畫舫》十二册一函

- 清張丑(1577—1643)著。
- 清乾隆二十八年(1763)刊本
- 板匡高13.8厘米,寬9.8厘米,左右雙邊,每半葉9行22字。黑口,上鐫"清河書畫舫",中鐫篇名,下鐫卷名。
- 内封題"張米菴先生著/清河書畫舫/池北草堂開雕"。
- 卷端題"清河書畫舫,吴郡張丑青父造"。
- 卷首有序,署"乾隆二十有八歲在昭陽協洽余月望鐵橋嚴誠書";次有"清河書畫舫引",署"吴郡張丑青父造";次有"例略",署"仁和吴長元麗煌識"。
- 册一末行下刻"乾隆壬午四月上浣六月仁和吴長元麗煌氏校於池北草堂";册二末行下刻"乾隆壬午端午後二日麗煌氏校於寶雲樓";册四末行下刻"乾隆壬午端六月朔吴長元校於半舫";册五末行下刻"乾隆壬午七夕前一月吴長元校";册六末行下刻"乾隆壬午八月朔吴長元校於池北草堂"。

按:美國康奈爾大學藏有同樣一部。

075 榕村語録續集

《榕村語録續集》二十卷,附《河洛奏對》,共十一册一函

- 清李光地(1642—1718)著。光地,字晉卿,號厚庵,又號榕村,福建安溪人,康熙九年(1670)進士。
- 清光緒二十年(1894)石印本。
- 本高 20 厘米,寬 13.2 厘米。
- 卷首有"榕村語録續集序",署"光緒二十年歲在甲午冬日知安溪縣事鄞縣黄家鼎敬撰"。

076 搜神記

《搜神記》二十卷,附《後記》十卷、《拾遺記》十卷,共四册一函

- 晉干寶撰。
- 清光緒元年(1875)刻本。
- 板匡高 19 厘米,寬 14.5 厘米,四周單邊,每半葉 12 行 24 字。黑口,雙黑魚尾,上鐫卷數,中鐫書名,下鐫葉碼。
- 内封題"搜神記"。
- 牌記題"光緒紀元夏月湖北崇文書局開雕"。
- 卷端題"搜神記,晉干寶撰"。
- 卷首爲干寶自序。
- 《搜神後記》卷端題"晉陶潛撰"。
- 《拾遺記》卷端題"晉隴西王嘉撰,梁蕭綺録"。卷首有蕭綺序。

077 探道本原

《探道本原》二卷

- 英國秀耀春(1851—1900)著。秀氏,英國人,原名Francis Huberty James,1876年来華傳教,1900年庚子事變中失踪。
- 清光緒二十年(1894)刊本。
- 板匡高21厘米,寬12.1厘米,左右雙邊,每半葉10行24字。白口,單黑魚尾,上鐫書名,中鐫卷數,下鐫葉碼。
- 内封題"光緒二十年仲春開雕/探道本原"。
- 卷端題"探道本原,秀耀春著"。
- 卷首有"探道本原序",署"光緒二十年仲春之月秀耀春自序"。

078 香祖筆記

《香祖筆記》十二卷,四册一函

- 清王士禛(1634—1711)撰。士禛,字貽上,號阮亭,又號漁洋山人,山東新城人,順治十五年(1658)進士。
- 清宣统三年(1911)石刊本。
- 本高19.38厘米,寬13.3厘米。
- 板匡高17厘米,寬12厘米,四周雙邊,每半葉14行31字。白口,單黑魚尾,上鐫"香祖筆記",中鐫卷數,下鐫葉碼及"掃葉山房石印"。
- 鈐有"清綺"、"永修過目"印。

079 小學集解 BJ117.C4 1865

《小學集解》六卷，二册一函

- 清張伯行(1652—1725)纂輯，李蘭校訂。伯行，字孝先，號恕齋，晚號敬庵，河南儀封人，康熙二十四年(1685)進士。
- 清同治乙丑(1865)重刻本。
- 板匡高 17.5 厘米，寬 13 厘米，四周雙邊，每半葉 9 行 20 字。白口，中鐫卷數及篇名，下鐫葉碼。
- 内封題“同治乙丑秋重刊/小學集解/晉陽藩署刊板”。
- 卷端題“小學集解，儀封張伯行孝先纂輯，受業李蘭汀倩校訂”。
- 卷首依次有朱墨“御製小學序”，署“雍正五年十二月初三日，臣林天齡謹録”；“小學集解序”四篇，署“康熙五十年辛卯蒲月穀旦儀封後學張伯行題於姑蘇之正誼堂”，次署“雍正九年歲在辛亥春三月受業樂亭李蘭謹序”，次署“咸豐元年八月既望大興俞長贊記”，次署“同治乙丑仲秋月山右烏河田雨公謹序”；“重刻小學集解序”，署“同治四年乙丑仲夏山左王榕吉謹識”；“小學輯説”；“小學書題”，署“儀封張伯行孝先先生纂輯，受業李蘭汀倩甫校訂”；“小學題辭”。
- 卷末有“小學集解校勘”；次有跋，署“長樂林天齡謹跋”。
- 鈐有“小山”印。

080 御製数理精藴 QA39. M49

《御製数理精藴》上、下編，四十五卷，共八册

- 清允祉(1677—1732)等奉敕編撰。
- 清光緒丙午(1906)石印本。
- 本高 17.6 厘米，寬 12.1 厘米。
- 内封題"御製数理精藴"。
- 牌記題"光緒丙午上海通時書局石印"。

081 增廣尚友録統編 DS734. Y5 1902

《增廣尚友録統編》二十二卷，十二册一函

- 明廖用賢編，清應祖錫、韓卿甫增輯。
- 清光緒壬寅(1892)石印本。
- 本高 20 厘米，寬 13 厘米。
- 内封題"增廣尚友録統編"。
- 牌記題"光緒壬寅十一月鴻寶齋石印"。
- 鈐有"退步軒藏書"印。

082 湛園札記 PL2705. I2 C3 1889

《湛園札記》四卷，四册一函

- 清姜宸英(1628—1699)撰。宸英，字西溟，慈谿人，康熙丁丑(1697)進士。
- 無刊刻年月和坊号。
- 板匡高 12.5 厘米，寬 9.9 厘米，左右雙邊，每半葉 8 行 21 字。白口，無魚尾，上鐫"湛園札記"及卷數，下鐫葉碼。
- 卷首爲"四庫全書提要"，次辛未(1691)秋"原序"。

按:據《郘亭知見傳本書目》和《販書偶記續編》,此書有葉元堺鶴麓山房嘉慶間刊本,光緒間見山樓重刊本,皆爲四卷。又有《湛園集》本兩卷。俄州大藏本似爲重刊,當初編目據書商所提供的資料,判爲1889年刊本。與《欽定四庫全書提要》和《四庫全書珍本初集》所附"提要"不同,本書所録"提要"最末一段文字爲:"其書據鄭羽逵所作宸英小傳,本爲五卷,此本乃黄叔琳編入《湛園集》者,豈有所删削與合并歟?"《欽定》、《珍本》作:"本爲三卷,此本兩卷……"。

集 部

083 八代詩選

《八代詩選》二十卷，十册一函

- 清王闓運(1833—1916)輯。闓運，字壬秋，湘潭人，咸豐七年(1857)舉人。
- 清光緒甲午(1894)刊本。
- 板匡高 17.5 厘米，寬 12.5 厘米，左右雙邊，每半葉 10 行 22 字。黑口，單黑魚尾，上鐫"八代詩選"，中鐫篇名，下鐫葉碼。
- 内封題"八代詩選"。
- 牌記題"章氏經濟堂刊"。
- 卷端題"八代詩選，長沙湘潭王闓運撰"。
- 卷首有"敘"，署"光緒甲午涂月善化楊廷瑞書于澂園"。
- 卷末有"八代詩選跋"，署"光緒十九年歲在癸巳二月望日長沙胡元常記"，述刻書事甚詳。

084　白沙子全集　PL2698 C37 1771

《白沙子全集》十卷，附録一卷，《古詩教解》上下二卷，共十册一函

- 明陳獻章(1428—1500)撰。獻章，字公甫，號石齋，新會人，學者稱白沙先生。
- 清乾隆辛卯(1771)重刊本。
- "白沙子全集"，板匡高 19.2 厘米，寬 13.5 厘米，四周雙邊，每半葉 10 行 21 字。白口，單黑魚尾，上鐫"白沙子全集"，中鐫卷數及卷名，下鐫葉碼。
- 内封題"撫藩學三大人鑒定/乾隆辛卯重鐫/白沙子全集/碧玉樓藏板"。
- 卷首依次有聞鐘音、歐陽永裿、翁方綱像贊及序，李遷、羅洪先、張詡、黃淳新序，"明史儒林傳"，張詡、羅橋、高簡、湛若水、項橋、林會春、林裕陽、黃淳、何熊祥、黃士俊原序。
- "古詩教解"内封題"撫藩學大憲鑒定/乾隆辛卯重鐫/白沙子古詩教解/碧玉樓藏板"。
- 卷首有湛若水"詩教解原序"及陳炎宗"重刻詩教解序"。
- 鈐有"今關天彭藏書之印"、"壽"印。

按："古詩教解"卷首有日本藏書家今關天彭兩段題記，分别爲："昭和二十年歲在乙酉五月念四，天彭山人今關壽一過，時在東京一樂草堂"和"昭和三十年九月盡天彭再過"。全書有朱筆句讀及批語，如"和陶詩，樂天、東坡之後，白沙之作最佳，所獨創者最多"之類。

又一部十册一函

- 内容全同。
- 鈐有“夜雨亭”及“哈佛大學漢和圖書館珍藏印”。

按:據書中所夾原始採購單,此部于 1973 年 8 月 9 日購自密歇根大學圖書館。

085 白田草堂存稿 PL2732. A49 P35

《白田草堂存稿》二十四卷,八册二函

- 清王懋竑(1668—1741)著。懋竑,字與中,號白田,寶應人,康熙五十七年(1718)進士。
- 清乾隆壬申(1752)王氏家刊本。
- 板匡高 17.5 厘米,寬 13 厘米,左右雙邊,每半葉 12 行 22 字。白口,單黑魚尾,上鐫“白田草堂存稿”,中鐫卷數,下鐫葉碼。
- 内封題“王白田全集/雜著九卷序誌六卷書啟五卷詩集四卷/本祠藏板”。
- 卷端題“白田草堂存稿,寶應王懋竑與中甫著”。
- 卷首依次有“欽定四庫全書簡明書目”;“白田草堂存稿序”,署“乾隆壬申季春月後學寧化雷鋐敬題”;“目録”,署“山陽後學邱敦美寫”。
- 卷末有“皇清敕授文林郎翰林院編脩先考王公府君行狀”,署“乾隆十有七年十月既望男箴聽箴傳箴愚箴謹箴端箴忠謹狀”。
- 鈐有“安養院藏書記”印。

按:《清人别集總目》、《清人文集别録》著録,藏家甚多。美國哈佛燕京圖書館、哥倫比亞大學圖書館等各藏有同樣一部。

086 碧腴齋詩存 PL2710. U19 P5

《碧腴齋詩存》八卷，一册一函

- 清胡德琳撰。德琳，字書巢，臨桂人，乾隆十七年(1752)進士。
- 清刊本。
- 板匡高 18 厘米，寬 15 厘米，左右雙邊，每半葉 11 行 21 字。白口，單黑魚尾，上鐫“碧腴齋詩存”，中鐫卷數，下鐫葉碼。
- 内封題“碧腴齋詩/小倉山房藏板”。
- 卷端題“碧腴齋詩存，桂林胡德琳書巢著”。
- 卷首有袁枚“碧腴齋詩存序”。
- 鈐有“諏善堂圖書記”、“雪雨艸堂圖書之記”印。

按：袁枚序云：“其詩之淵源得力處，諸序中申之甚詳，余不復贅。”然 OSU 本只袁枚一篇序。又此本無刊刻年代。《販書偶記續編》載《碧腴齋詩存》八卷，約乾隆間小倉山房刊。《清人别集總目》著録《碧腴齋詩存》八卷三種，唯無小倉山房刊本。

087 柏梘山房文集 PL2719. E5 A1

《柏梘山房文集》：《文集》十六卷，《文續集》一卷，《詩集》十卷，《詩續集》二卷，《駢體文》上下二卷，共三十一卷，六册一函

- 清梅曾亮(1786—1856)撰。曾亮，字伯言，號葛君，江蘇上元人，道光二年(1822)進士。

- 清咸豐六年(1856)楊氏海源閣刊本。
- 板匡高 18 厘米,寬 14 厘米,四周雙邊,每半葉 10 行 21 字。白口,單黑魚尾,上鐫“柏梘山房文集”,中鐫卷數,下鐫葉碼。
- 卷首有“柏梘山房文集序”,署“己卯七月年弟聊城楊以增撰”。《文續集》卷末有“後序”,署“戊子秋七月弟方東樹植之識”。《詩集》卷首有“自序”。

按:《清人别集總目》著録了此書其他版本。

088 查初白詩評十二種 PL2307. C3

《查初白詩評十二種》三卷,附詞綜偶評一卷,共八册一函

- 清查慎行(1650—1727)原撰,張載華(1718—?)輯。
- 清末石印本。
- 板匡高 15.9 厘米,寬 11.8 厘米,左右雙邊,每半葉 12 行 23 字。細黑口,單黑魚尾,上鐫“詩評”、卷數及詩作者姓名,下鐫葉碼。
- 内封題“查初白詩評十二種”。
- 牌記題“上海六藝書局石印”。
- 卷端題“初白菴詩評,海鹽後學張載華芷齋輯”。
- 卷首依次有張載華“詩評自識”、張宗橚“詩評序”和纂例。

089 陳學士文集 PL2700. C43 1753

《陳學士文集》十八卷,十二册一函

- 清陳儀(1669—1741)撰。儀,字子翽,號一吾,文安

人,康熙五十四年(1715)進士。

- 清乾隆十八年(1753)福州蘭雪齋刻本。
- 板匡高 18 厘米,寬 12.5 厘米,左右雙邊,每半葉 9 行 22 字。白口,單黑魚尾,上鐫"陳學士文集",中鐫卷數,下鐫葉碼及"蘭雪齋藏本"。
- 卷首有乾隆庚午(1750)夏邗江伍起序;乾隆庚申(1740)小陽上浣河東喬學尹序;乾隆己未(1739)菊月金壇于辰序;乾隆十八年癸酉冬十一月既望陳玉友後序。

按:《清人别集總目》著録。

090 陳巖野先生全集

《陳巖野先生全集》四卷,四册一函

- 明陳邦彦(1602—1647)撰。邦彦,字會份,號巖野,順德人。又據《中國歷史大辭典》,邦彦字令斌,號巖野。
- 清嘉慶乙丑(1805)重刻本。
- 封面題"清嘉慶乙丑孟夏重鐫/陳巖野先生全集/聽松閣藏板"。
- 板匡高 20.3 厘米,寬 15 厘米,四周雙邊,每半葉 11 行 21 字。白口,單黑魚尾,上鐫"陳巖野先生全集",中鐫卷數及篇名,下鐫葉碼。
- 内封及卷端題"陳巖野先生全集"。
- 卷首依次有温汝能嘉慶十年(1805)"重刻陳巖野先生全集序"、彭士望"原敘"、羅大賓"原序"、"明史陳巖野先生本傳"、"陳巖野先生像"、"全集目録"。

- 卷末有温汝能同年跋,題"同里後學温汝能謙山校輯"。按:序、跋敘此編緣起頗詳:"雪聲堂原集十卷,字迹漫漶,多不可辨,且編次參錯,體例頗繁。今釐爲四卷。卷一、卷二爲文集,卷三、卷四爲詩集。末附以各傳行狀暨門人殉節諸傳。去煩存要,更覺井然。"

091 初唐四傑集 PL2501. C48

《初唐四傑集》:《王子安集》十六卷,《楊盈川集》十卷,《盧昇之集》七卷,《駱丞集》四卷,共七册一函

- 清同治癸酉(1873)叢雅居重刻本。
- 板匡高 17.5 厘米,寬 13 厘米,四周雙邊,每半葉 9 行 21 字。白口,單黑魚尾,上鐫書名,中鐫卷數,下鐫葉碼及"叢雅居鄒氏刊"。
- 内封題"初唐四傑集/同治癸酉秋日陳璞題"。
- 牌記題"叢雅居重刊星渚項氏本"。
- 卷首有"總目"。

092 春在堂全書 PL2734. C53 1897

《春在堂全書》三十二册四函

- 清俞樾(1821—1906)撰。樾,字蔭甫,號曲園,浙江德清人,道光三十年(1850)進士。
- 清光緒二十三年(1897)石印重定本。
- 本高 19.8 厘米,寬 12.8 厘米。
- 内封題"德清俞蔭甫所著書"。
- 牌記題"同治十年秋八月曾國藩署檢"。
- 卷端題"春在堂全書"。

- 卷首有序,署“光緒二十有二年歲在丙申季秋之月曲園居士書于右台仙館”;次有“石印春在堂全書敘”,署“光緒二十三年歲在強圉作噩月在極如受業錢塘曹樹培謹敘”。

093 存誠堂詩集

《存誠堂詩集》二十五卷,六册一函

- 清張英(1637—1708)撰。英,字敦復,號樂圃,桐城人,康熙六年(1667)進士。
- 清光緒二十三年(1897)刊本。
- 板匡高17厘米,寬13.5厘米,左右雙邊,每半葉10行19字。黑口,雙黑魚尾,中鐫“存誠堂詩集”及卷數,下鐫葉碼。
- 内封題“存誠堂詩集”。
- 牌記題“光緒二十三年桐城張氏重刻”。
- 卷首有康熙甲申(1704)張英自序。

按:《清人别集總目》著録。

094 存誠堂應制詩

《存誠堂應制詩》五卷,附《篤素堂詩集》七卷,共四册一函

- 清張英(1637—1708)撰。英,見前“093 存誠堂詩集”条。
- 清光緒二十三年(1897)重刊本。
- 板匡高17厘米,寬13.3厘米,左右雙邊,每半葉10行19字。黑口,雙黑魚尾,中鐫“存誠堂詩集”及卷

名、卷數，下鐫葉碼。

- 内封題“存誠堂應制詩”。
- 牌記題“光緒二十三年/桐城張氏重刊/道州何維樸署”。
- 卷首依次有：四庫提要、國史列傳、墓表、自序。

按：《清人别集總目》著録。

095 詞綜 PL2548. C47 1678A

《詞綜》三十八卷，附《明詞綜》十二卷，共十册一函

- 明朱彝尊(1629—1709)輯。彝尊，字錫鬯，號竹垞，又號長盧釣叟，浙江秀水人。
- 清緑蔭堂刊本。
- 板匡高 18.3 厘米，寬 14 厘米，左右雙邊，每半葉 10 行。黑口，單黑魚尾，中鐫書名及卷數，下鐫葉碼。
- 内封題“朱竹垞太史輯/詞綜/集唐五代宋元名人詞計三十八卷”。
- 卷首依次有“序”，署“康熙戊午嘉平之朔休陽汪森書於裘杼樓”；朱彝尊“詞綜發凡”，“詞綜總目”，“詞綜目録”。
- 鈐有“蘇州綠蔭堂鑑記精造書籍章”、“有水可漁”印。

096 帶經堂集 PL2732. A56 T3 1711a

《帶經堂集》：《漁洋集詩》二十二卷、《續詩》十六卷、《文》十四卷；《蠶尾集詩》二卷、《續詩》十卷、《文》八卷、《續文》二十卷，共三十二册二函

- 清王士禛(1634—1711)撰,程哲校編。士禛,見前“078 香祖筆記”條。
- 清乾隆丁卯(1747)刊本。
- 板匡高 18.5 厘米,寬 14 厘米,左右雙邊,每半葉 10 行 19 字。白口,單黑魚尾,上鐫集名,中鐫卷數,下鐫葉碼。
- 内封題“王阮亭先生著/帶經堂集/七略書堂校刊”。
- 卷端題“帶經堂集,新城王士禛貽上,歙門人程哲校編”。
- 卷首有“帶經堂全集序”,署“乾隆丁卯菊月望後一日古歙黄晟曉峰氏書於槐蔭草堂”;次有程哲“帶經堂集序”。

按:《清人别集總目》著録。美國加州柏克萊大學藏有同樣一部。《清人文集别録》稱:“士禛所爲文,以詩序、傳志、題跋之屬爲最多。詩序、傳志皆應俗之作。惟題跋所及,頗有可資考證者,亦以交遊廣而聞見博,年壽老而閲歷多,固亦掌故之府也。”

097 蕩寇志

《蕩寇志》七十回,結子一回,每回一卷,共十六册一函

- 清俞萬春(1794—1849)撰。
- 清同治十年(1871)刊本。
- 板匡高 19 厘米,寬 13 厘米,四周單邊,每半葉 10 行 25 字。白口,單黑魚尾,上鐫“蕩寇志”,中鐫卷數,下鐫葉碼。

- 内封題“同治十年重鐫/山陰俞仲華先生蕩寇志/蕩寇志”。
- 卷端題“結水滸全傳，山陰忽來道人俞萬春仲華甫手著”。
- 卷首依次爲俞煐、胡志人、陳奂、徐佩珂序，俞灥、半月老人、錢湘續序，緣起，目録，余龍光識語，像贊(114幅)。
- 鈐有“□蔭草堂”、“我醉梅華華醉我”、“張際青”印。

098 道園全集 PL2694. Y75 1900

《道園全集》四十四卷，十二册二函

- 元虞集(1272—1348)撰。集，字伯生，號道園，仁壽人。
- 清刻本。
- 板匡高19.5厘米，寬14厘米，四周雙邊，每半葉11行21字。白口，單黑魚尾，上鐫“道園全集”、卷數及卷名，下鐫葉碼及“古堂書屋”。
- 内封題“在朝文稿”。
- 卷端題“虞文靖公道園全集”。

按：此集凡四編，爲《在朝稿》十七卷、《應制稿》六卷、《歸田稿》十四卷及《方外稿》七卷。俄州大著録爲《古堂書屋叢書》之一，無刊刻年代。《四庫全書總目·別集類二〇》著録有《道園學古録》五十卷，爲《在朝稿》二十卷、《應制稿》六卷、《歸田稿》十八卷、《方外稿》六卷，與此編所含卷數不同。

099　德蔭堂集　PL2700 A47 1816

《德蔭堂集》十六卷，四册一函

- 清阿克敦（1685—1756）撰。阿克敦，字沖和，號立軒，滿洲正藍旗人，康熙四十八年（1709）進士。
- 清嘉慶二十一年（1816）刊本。
- 板匡高 19 厘米，寬 14 厘米，四周雙邊，每半葉 10 行 19 字。白口，單黑魚尾，上鐫“德蔭堂集”，中鐫卷數及篇名，下鐫葉碼。
- 内封題“嘉慶丙子孟夏/德蔭堂集/曾孫那彦成重刊”。
- 卷端題“德蔭堂集，長白阿克敦撰，曾孫那彦成校刻”。
- 卷首有乾隆四十三年（1778）阿桂序。
- 卷末有嘉慶二十一年（1816）那彦成後序。

按：《清人别集總目》著録。

100　堵文忠全集　PL2698 T79 1887

《堵文忠全集》五卷，《年譜》一卷，《附録》一卷，共七卷四册一函

- 明堵允錫（1601—1649）撰。允錫，字仲緘，一字牧子，號牧游，無錫人，崇禎十年（1637）進士。
- 清光緒十三年（1887）刊本。
- 板匡高 18 厘米，寬 13 厘米，左右雙邊，每半葉 9 行 22 字。白口，單黑魚尾，上鐫“堵文忠全集”，中鐫卷數及篇名，下鐫葉碼。
- 卷首依次有康熙丁未（1667）張夏原序，道光十三年

(1833)俞德淵序,"例言","年譜"。

101 **二林居集** PL2722. E5 E7

《二林居集》二十四卷,四册一函

- 清彭紹升(1740—1796)撰。紹升,字允初,長洲人,乾隆三十四年(1769)進士。
- 清嘉慶四年(1799)味初堂刊本。
- 板匡高 18.6 厘米,寬 14.2 厘米,左右雙邊,每半葉 11 行 23 字。黑口,單黑魚尾,上鐫"二林居集",中鐫卷數,下鐫葉碼。
- 内封題"嘉慶四年鐫/二林居集/味初堂藏板"。
- 卷端題"二林居集,長洲彭紹升允初著"。

按:此刊本見於《販書偶記》。《清人别集總目》載嘉慶四年刻本,爲大陸南圖、川圖、湘圖所藏,然非味初堂藏板。又《清人文集别録》稱:"是集初由紹升手自編定,付及門江沅校刊之。有嘉慶四年刻本。其後板燬。光緒初,其從曾孫祖賢重刊於江蘇藩署,刻印精好。"

102 **范文正公全集** PL2687. F34 A1 1830

《范文正公全集》:《文集》二十卷,《别集》四卷,《政府奏議》二卷,《尺牘》三卷,《年譜》一卷,《年譜補遺》一卷,《言行拾遺事録》四卷,《鄱陽遺事録》一卷,《遺跡》一卷,《義莊規矩》一卷,《褒賢集》五卷,《補編》五卷,共十二册二函

- 宋范仲淹(989—1052)撰。仲淹,字希文,蘇州吴縣

人。

- 清道光十年(1830)刊本。
- 板匡高 18 厘米，寬 14 厘米，左右雙邊，每半葉 11 行 21 字。白口，單黑魚尾，上鐫“范文正公集”，中鐫卷數，下鐫葉碼及“歲寒堂”。
- 内封正面題“范文正公全集/吴郡義莊藏板/勾吴後學錢泳謹題”；背面有范玉琨識語，言“道光十年五月七日……自徐州來吴郡瞻拜先祠重加校閲”。
- 卷首有“范文正公文集序”，署“元祐四年四月二十一日龍圖閣學士朝奉郎新知杭州軍州事蘇軾敘”。

103 **范忠宣公全集** PL2687. F33 183—

《范忠宣公全集》二十卷，《奏議》上下二卷，《遺文》、《附録》、《補編》各一卷，共六册一函

- 宋范純仁(1027—1101)著。純仁，字堯夫，吴縣人。范仲淹次子。
- 清道光十年(1830)刊本。
- 板匡高 18.5 厘米，寬 14 厘米，左右雙邊，每半葉 11 行 21 字。白口，單黑魚尾，上鐫“范忠宣公集”，中鐫卷數，下鐫葉碼及“歲寒堂”。
- 内封題“范忠宣公全集/吴郡義莊藏板/勾吴後學錢泳謹題”。
- 卷首有“范忠宣公文集序”五篇，分别署“四月丁丑朔正奉大夫參知政事兼太子賓客四明樓鑰”、“嘉定辛未上巳日元姪孫朝散郎左司諫兼侍講范之柔”、“嘉定壬申元正日朝散大夫權知永州軍州兼管内劝

農營田事借紫吴興沈圻書於思范堂”、“嘉定壬申六月既望承議郎權通判衡州軍州兼管内勸農營田事賜緋魚袋全永州事廖視”、“嘉定壬申六月既望門生從政郎永州州學校教授清源陳宗衜”。

- 卷末有“文忠宣公全集後序”，署“康熙丁亥三月文正書院主奉文正十九世監簿房孫能濬”；次有“重刻范文正公忠宣公全集後序”，署“康熙丁亥……文正二十一世忠宣房孫時崇”；最末有文正書院主奉儀恢識語敘刊刻事。

104 封神演義 PL2698 F43 1897

《封神演義》一百回十卷，十册一函

- 清光緒二十三年(1897)石印本。
- 本高 17 厘米，寬 10.2 厘米。
- 内封題“繪圖封神演義，上海光華書局發兑”。
- 牌記題“光緒二十三年圖書集成局印”。
- 卷端題“繪圖封神榜演義，竟陵鍾惺伯敬評釋”。
- 卷首依次爲褚人穫序、目録、圖像(14 幅)。

105 覆瓿集 L2700.C33 F8 1874

《覆瓿集》:《舒藝室隨筆》六卷,《舒藝室續筆》與《舒藝室餘筆》三卷,《舒藝室雜著甲編》上下二卷,《舒藝室雜著乙編》上下二卷,《舒藝室賸稿》、《舒藝室詩存》七卷,《索笑詞》甲乙二卷，附繆徵甲《存希閣詩録》、劉壽萱《夢蟾樓詩録》(不載於總目)一卷，共八册一函

- 清張文虎(1808—1885)撰。文虎,字孟彪,南匯人。
- 清刊本。
- 板匡高 16.9 厘米,寬 12.4 厘米,四周雙邊,每半葉 11 行 21 字。黑口,單黑魚尾,上鐫書名及卷數,下鐫葉碼。
- 《舒藝室隨筆》牌記題"同治十三年冬十月金陵冶城賓館刊張裕釗署首"。
- 《舒藝室續筆》題"光緒五年閏春刊於復園/劉熙載署首"。
- 《舒藝室餘筆》題(光緒)辛巳。
- 《舒藝室雜著甲編》題(光緒)己卯。
- 《舒藝室雜著乙編》題(光緒)己卯。
- 《舒藝室賸稿》題(光緒)辛巳。
- 《舒藝室詩存》、《索笑詞》甲乙題(光緒)辛巳。

按:僅卷首總目署"覆瓿集"。《隨筆》卷一缺第一葉,第二葉有批語曰"此書第一葉經臺北大華盜印時遺失"。《清人别集總目》著録。《清人文集别録》稱:"文虎所著書,有《舒藝室隨筆》、《續筆》、《餘筆》、《雜著甲乙篇》、《賸稿》、《鼠壞餘蔬》、《尺牘偶存》、《湖樓校書記》、《雜記》、《續記》、《蓮龕尋夢記》、《夢因録》諸種,總題曰《覆瓿集》。"

106 高季迪先生大全集 PL2698. K24 A1

《高季迪先生大全集》十八卷,三册一函

- 明高啟(1336—1374)撰。啟,字季迪,長洲人。
- 西山堂藏板。

- 板匡高 19.7 厘米，寬 14.8 厘米，左右雙邊，每半葉 10 行 20 字。白口，單黑魚尾，中鎸"大全集"及卷數，下鎸葉碼。
- 内封題"重訂原本/高季迪先生全集/西山堂藏板"。
- 卷首有劉昌序，署景泰元年(1450)。
- 鈐有"乾坤一草亭圖書之記"印。

按：此編重裝過，原當爲六册。《四庫全書總目・别集類二十二》記高自選有《缶鳴集》十二卷，"永樂元年鏤版行之，至景泰初，徐庸掇拾遺佚，合爲一編，題曰《大全集》，劉昌爲之序，即此本也"。然此編題爲"重訂原本"，未加比較，不知關係如何。

107 古歡堂集

《古歡堂集》四十二卷，十二册二函

- 清田雯(1635—1704)撰。雯，字綸霞，又字紫綸，號蒙齋，又號山薑子，山東德州人，康熙三年(1664)進士。
- 清乾隆年间刻本。
- 此集共收録《雜著》八卷，《序》四卷，《題辭》一卷，《記》二卷，《銘表》二卷，《傳》一卷，《跋》一卷，《雜文》三卷；《古歡堂詩集》，《山薑詩選》五卷；《黔書》上下卷；《長河志籍攷》十卷；《年譜》一卷；其子田肇麗所著《有懷堂集》一卷。
- 《古歡堂集》板匡高 19.5 厘米，寬 14.5 厘米，左右雙邊，每半葉 11 行 21 字。黑口，單黑魚尾，中鎸集名及卷數，下鎸葉碼。

- 卷首有“總目録”，计《雜著》八卷、《序》四卷、《題辭》一卷、《記》二卷、《銘表》二卷、《傳》一卷、《跋》一卷及《雜文》三卷。
- 《古歡堂詩集》板匡高16.9厘米，寬13.5厘米，左右雙邊，每半葉11行21字。黑口，雙花魚尾，中鐫集名及卷數，下鐫葉碼。
- 卷端題“古歡堂集山薑詩選”。
- 《黔書》板匡高18.6厘米，寬14.3厘米，左右雙邊，每半葉11行21字。黑口，單黑魚尾，中鐫集名，下鐫葉碼。
- 卷首有“序”，署“康熙庚午九月浙西徐嘉炎華隱序”；次有“蒙齋説”，署“浙西嘉炎又題”。
- 《長河志籍攷》板匡高17厘米，寬13.7厘米，左右雙邊，每半葉11行21字。黑口，單黑魚尾，中鐫卷數，下鐫葉碼。
- 内封題“山薑雜著/長河志籍攷/古歡堂”。卷首有“長河志籍攷”題辭，署“康熙戊寅七月蒙齋田雯題”；次有“九河圖”。
- 《年譜》板匡高15.5厘米，寬13.1厘米，左右雙邊，每半葉11行21字。黑口，單黑魚尾，中鐫集名，下鐫葉碼。
- 卷首有“蒙齋六十歲像”；次有“自讚”；次有“蒙齋年譜序”，署“錢唐倪璠譔”；卷末有“蒙齋生志”；次有“續年譜”；次有“補年譜”。
- 《有懷堂集》板匡高15.2厘米，寬12.2厘米，左右雙邊，每半葉11行21字。白口，單黑魚尾，中鐫集名，下鐫葉碼。

- 卷首有序，署“乾隆壬戌嘉平門下晚學生秦郵羅克昌謹敘”。
- 鈐有“紫硯樓”印。

按：《清人别集總目》著録。

108 古詩源 PL2524. S5 1719

《古詩源》十四卷，六册一函

- 清沈德潛(1673—1769)輯。德潛，字確士，號歸愚，江蘇長洲人，乾隆四年(1739)进士。
- 清康熙己亥(1719)刊本。
- 板匡高 17 厘米，寬 14 厘米，左右雙邊，每半葉 10 行 19 字。黑口，單黑魚尾，上鐫“古詩源”，中鐫卷數，下鐫葉碼。
- 内封題“長洲沈確士輯/古詩源/竹嘯軒藏板”。
- 卷端題“古詩源，長洲沈德潛確士選”。
- 卷首有“例言”；次有“序”，署“康熙己亥夏五長洲沈德潛書於南徐之見山樓”。

按：加拿大多倫多大學藏有同樣一部。

109 管韞山文摘 PL2717. U27 K8

《管韞山文摘》三集一册

- 清管世銘(1738—1798)撰。世銘，字緘若，號韞山，武進人，乾隆四十三年(1778)進士。
- 清光緒癸巳(1893)上海寶文書局石印袖珍本。
- 本高 13 厘米，寬 9 厘米。

- 内封題“管韞山文稿”。
- 牌記題“光緒癸巳初夏上海寶文書局石印”。
- 卷端題“韞山堂時文初集,武進管世銘緘若氏著”。
- 卷首序署“光緒龍飛十有四年月華山人”。其敘刻印緣起曰:“管先生其人者,以古文之精神,奏時文之音節,堂堂乎盛世元音哉。坊板漫漶,几不成字。兹特詳加校讎,付諸石印,俾同好者有資欣賞也夫。”

按:《清人别集總目》著録多種刻本,藏者甚夥,唯無石印袖珍本。

110 廣經室文鈔

《廣經室文鈔》一卷,一册

- 清劉恭冕(1821—1880)撰。恭冕,字叔俛,寶應人,光绪五年(1879)举人。
- 清光緒十五年(1889)刊本。
- 板匡高 21.1 厘米,寬 15.3 厘米,四周單邊,每半葉 11 行 24 字。黑口,單黑魚尾,中鐫“廣經室文鈔”,下鐫葉碼及“廣雅書局刊”。
- 内封題“廣經室文鈔一卷”。
- 牌記題“光緒十五年廣雅書局刻”。
- 卷端題“廣經室文鈔,寶應劉恭冕撰”。
- 卷末注“番禺沈寶樞初校,南海潘乃成覆校”。

按:《清人别集總目》著録。《清人文集别録》稱:“是集録文雖少,顧如釋教論,古有四聲證諸篇,義據碻固,言之成理。漢人避諱攷一篇,據石刻以攷避諱之實，尤爲精核。"

111 國朝詞綜 PL2557. W28 1802a

《國朝詞綜》一集四十八卷，二集八卷，共五十六卷，十册一函

- 清王昶(1724—1806)輯。昶，字德甫，號述庵，學者稱蘭泉先生，江蘇青浦人，乾隆十九年(1754)進士。
- 清緑蔭堂刊本。
- 板匡高18.3厘米，寬14厘米，左右雙邊，每半葉10行。黑口，單黑魚尾，中鐫書名及卷數，下鐫葉碼。
- 内封題"青浦王蘭泉比部輯/國朝詞綜/計四十八卷"。
- 卷首有"序"，署"嘉慶七年十月青浦王昶撰"。
- "二集"卷首有"國朝詞綜二集序"，署"嘉慶癸亥孟冬從孫紹成謹書"。
- 鈐有"蘇州緑蔭堂鑑記精造書籍章"、"有水可漁"印。

112 國朝六家詩鈔 PL2537. L5 1887

《國朝六家詩鈔》八卷，八册一函

- 清劉執玉(1709—1776)選。
- 清光绪十三年(1887)汗青簃刊本。
- 板匡高18厘米，寬13厘米，四周單邊，每半葉10行21字。黑口，單黑魚尾，中鐫篇名，下鐫"汗青簃"。
- 内封題"國朝六家詩鈔"。

- 卷首有序，署“乾隆丁亥夏五長洲沈德潛”；次序，署“乾隆三十二年七月既望二知老人鄒一桂”；次有“凡例”，署“劉執玉復燕氏識”。
- 卷端題“國朝六家詩鈔，錫山劉執玉復燕選，門人許庭堅麟石、鄒容成云瞻參閲”。
- 鈐有“守真草堂珍藏”、“古研艸堂”印。

按：美國哈佛、普林斯頓大學藏有乾隆丁亥(1767)詒燕樓版，柏克萊大學藏有汗青簃版。

113 國朝詩

《國朝詩》十卷，附《外編》一卷，《補》六卷，共六册一函

- 清吴翌鳳(1742—1819)選。
- 清新陽趙氏(元益)刻本。
- 板匡高 18.5 厘米，寬 13.8 厘米，每半葉 10 行 22 字。板心上爲白口，下爲黑口，雙黑魚尾，上鐫書名及卷數，中鐫所選詩人姓名，下鐫葉碼。
- 内封題“國朝詩十卷外編一卷補六卷”。
- 牌記題“新陽趙氏/元和江標題”。
- 卷端題“國朝詩，吴郡吴翌鳳選”。
- 前有吴翌鳳嘉慶元年(1796)序。
- 鈐有“榮郭齋藏”印。

114 國朝十家四六文鈔 PL2455. W25 1889

《國朝十家四六文鈔》四册一函

- 清王先謙(1842—1918)編。先謙，字益吾，晚號葵

園，長沙人，同治四年(1865)進士。

- 清光緒己丑(1889)長沙王氏刊本。
- 板匡高 17.5 厘米，寬 13.5 厘米，左右雙邊，每半葉 13 行 22 字。白口，單黑魚尾，上鐫卷名，下鐫葉碼。
- 内封題“國朝十家四六文鈔”。
- 牌記題“光緒己丑仲夏長沙王氏刊藏”。
- 卷首有“姓氏爵里志略”；次有“序”，署“光緒十有五年歲次己丑夏五月湘陰郭嵩燾”；次又“序”，署“賜進士出身前翰林院編修國子監祭酒江蘇學政加五級長沙王先謙”，“光緒十有五年歲次己丑夏五月”。

按：美國哈佛、康奈爾大學各藏有同様一部。

115 國朝文匯 PL2455. S5 1909

《國朝文匯》丁集，二十卷，十册一函

- 清沈粹芬等輯。
- 清宣統元年(1909)石印本。
- 本高 20 厘米，寬 13.6 厘米。
- 内封題“國朝文匯，丁集”。
- 牌記題“宣統元年己酉上海國學扶輪社印行”。

按：美國哈佛、耶魯、康奈爾、哥倫比亞大學等有全帙，共五集 200 卷。

116 郭弘農集 PL2665. K8 A6 189—

《郭弘農集》二卷，二册一函

- 晉郭璞(276—324)著。璞，字景純，聞喜人。

- 板匡高 20 厘米，寬 14.5 厘米，左右雙邊，每半葉 9 行 18 字。白口，單黑魚尾，上鐫“郭弘農集”，中鐫卷數及卷名，下鐫葉碼。
- 内封題“郭弘農集”。
- 卷端題“晉河東郭璞著，明太倉張溥閱”。
- 前有張溥“郭弘農集題辭”。
- 卷末有本傳。

117 橫塘集 PL2687.H65 H4 1876

《橫塘集》二十卷，四册一函

- 宋許景衡(1072—1128)撰。
- 清光緒二年(1876)刊本。
- 板匡高 17 厘米，寬 13.5 厘米，左右雙邊，每半葉 13 行 22 字。黑口，單黑魚尾，上鐫“橫塘集”，中鐫卷數，下鐫葉碼。
- 内封題“橫塘集二十卷/永嘉叢書”。
- 牌記題“光緒二年八月武昌局開彫十一月畢工板藏瑞安孫氏”。
- 卷端題“橫塘集，宋許景衡撰”。
- 卷首有“四庫提要”，次有“宋史本傳”。
- 卷末有“跋”，署“光緒丙子十二月後學瑞安孫詒讓”。

118 湖海文傳 PL2445.W23 1839

《湖海文傳》七十五卷，十六册二函

- 清王昶(1724—1806)輯。昶，見前“111 國朝詞綜”

條。

- 清道光丁酉至己亥(1837—1839)刊本。
- 板匡高18厘米,寬13厘米,左右雙邊,每半葉12行24字。黑口,雙黑魚尾,中鐫卷數、篇名及葉碼。
- 内封題"道光丁酉年鐫/湖海文傳/經訓堂藏板"。
- 卷端題"湖海文傳,青浦王昶德甫輯"。
- 卷首依次有阮元覆函;"刻湖海文傳緣起",署"道光十有九年歲次己亥鄉後學吴淮";"序",署"道光十有九年歲在己亥春二月涇朱琦譔於吴門紫陽書院";"序",署"道光十七年歲次丁酉季秋月同郡後學婁姚椿";"序",署"道光己亥六月後學倪皋";"序",署"己亥六月後學陳鏻";"參校姓氏";"凡例",署"嘉慶乙丑仲夏青浦王昶德甫識";"目録"。
- 卷末有後序,署"道光十有九年歲次己亥夏六月孫紹基"。

119 懷古田舍詩節鈔

《懷古田舍詩節鈔》六卷,六册一函

- 清徐榮(1792—1855)撰。榮,字鐵孫,歙縣人,道光十六年(1836)進士。
- 清同治三年(1864)刊本。
- 板匡高17.3厘米,寬12.7厘米,四周雙邊,每半葉9行21字。黑口,單黑魚尾,中鐫"懷古田舍詩節鈔"及卷數,下鐫葉碼。
- 内封題"懷古田舍詩節鈔"。
- 牌記題"同治甲子冬日刊於錦城"。

- 鈐有"濠堂藏本"印。

按:《清人别集總目》著録。

120 懷麓堂集 PL2698. L494 H8 1803

《懷麓堂集》:《詩前稿》二十卷,《詩後稿》十卷,《文前稿》三十卷,《文後稿》三十卷,《雜記》六卷,共二十册二函

- 明李東陽(1447—1516)撰。東陽,字賓之,號西涯,茶陵人,明景帝天順八年(1464)進士。
- 板匡高 18.2 厘米,寬 13.5 厘米,左右雙邊,每半葉 10 行 20 字。白口,單黑魚尾,上鎸"懷麓堂集",中鎸卷數,下鎸葉碼。
- 卷首有楊一清"懷麓堂舊稿序",江靳貴、蔣永修"舊序","明史本傳",彭維新"文正公論"。
- "詩稿"卷一前之"擬古樂府引"正文首有朱文眉批:"昭和二十年十二月五日天彭山人一閱時在天龍江上。"

按:此編 OSU 著録爲 1803 年(嘉慶癸亥)。然現存書頁上無跡可尋,當是書商提供。是書顯然重新裝訂過,或許原有内封、牌記。《四庫全書總目》收入,别集類二十三。對照之下,此編雜記六卷只收《南行稿》、《北上録》、《經筵講讀》和《東祀録》,缺《集句録》、《哭子録》和《求退録》。

121 黄陶菴先生全集 PL2698. H813 A1

《黄陶菴先生全集》:《文集》七卷,《語録》四卷,《詩

集》八卷，共八册一函

- 明黄淳耀(1605—1645)撰。淳耀，字蕴生，號陶庵，嘉定人，崇禎癸未(1643)進士。
- 清嘉慶丁巳(1797)重刻本。
- 板匡高17.6厘米，寬13.7厘米，左右雙邊，每半葉10行21字。白口，單黑魚尾，上鐫“陶菴全集”，中鐫卷數及卷名，下鐫葉碼。
- 内封題“黄陶菴先生全集/寶山學藏板”。
- 鈐有“吴興鄭宜輅章”、“書帶艸堂藏本”、“海上醉心經齋藏書之章”印。

按：據陳夢蘭嘉慶二年(1797)序，“余以文集版片散失，訪求舊本，補綴完備，以廣其傳”，知是修訂定重印本，並非乾隆辛巳年(1761)重刻本。篇目與《四庫全書總目》所著録者有異，計《卷首》一卷，依次爲陳序、重刻序(乾隆辛巳沈德潛、王鳴盛)、原序(吴偉業、蘇淵、陸隴其)、補載原序(朱彝尊)、史傳、行傳、記略、校對姓氏；《文集》七卷，附《補遺》；《吾師録》一卷、《自監録》四卷、《詩集》八卷，附《補遺》；卷末包括原跋、新跋、補刻黄偉恭傳、偉恭詩附、偉恭詩附跋。

122 繪圖明清兩國志演義 PL2699 M5

《繪圖明清兩國志演義》四十回四卷，四册一函

- 不題撰者。
- 清末民初石印本。
- 本高17.3厘米，寬10厘米。

- 内封題“歷史小説/繪圖明清兩國志/上海沈鶴記書局印行”。
- 卷端題“歷史小説吴三桂演義”。
- 卷首依次有:編者自序、題詩、凡例、目録、圖(6幅)。

123 鮚埼亭集 PL2704. C5 1872

《鮚埼亭集》九十八卷,附《卷首》一卷、《年譜》一卷,共二十四册四函

- 清全祖望(1705—1755)撰。祖望,字紹衣,號謝山,浙江鄞縣人,乾隆元年(1736)進士。
- 清同治十一年(1872)刊本。
- 此書分三部分。第一部分爲《鮚埼亭集》三十八卷。
- 板匡高 17.9 厘米,寬 13.4 厘米,左右雙邊,每半葉 10 行 21 字。白口,單黑魚尾,上鐫“鮚埼亭集”,中鐫卷數,下鐫葉碼。
- 封面題“鄞全謝山先生著/鮚埼亭集/姚山借樹山房藏板”。
- 卷首依次爲同治十一年餘姚朱蘭“序”,“目録”,“全氏世譜”及“全祖望年譜”。
- 卷端題“鮚埼亭集鄞全祖望紹衣譔,餘姚史夢蛟竹房校”。
- 第二部分爲《經史問答》十卷。
- 板匡高 17.7 厘米,寬 12.8 厘米,左右雙邊,每半葉 11 行 21 字。白口,單黑魚尾,上鐫“鮚埼亭集”,中鐫“經史問答”及卷數,下鐫葉碼。

- 卷首題“全謝山先生經史問答，餘姚史夢蛟重校”。
- 第三部分爲《鮚埼亭集外編》五十卷。
- 板匡高 17.3 厘米，寬 13.4 厘米，左右雙邊，每半葉 10 行 21 字。白口，單黑魚尾，上鐫“鮚埼亭集”，中鐫卷數，下鐫葉碼。
- 封面題“鮚埼亭集外編”。
- 卷端題“鮚埼亭集外編，鄞全祖望紹衣”。
- 卷首“題詞”，署“乾隆四十一年丙申秋七月受業董秉純書於粵西那州官署”；次“目録”。

按：同治十一年餘姚朱蘭《序》曰“是編刊自山西冀寧道同里史竹房姻丈。其《經史問答》十卷，則杭州萬氏所雕，丈爲並板以行者也”。是知此書並非借樹山房嘉慶甲子(1804)原刻。又據《販書偶記》，《外編》有嘉慶辛未(1811)七月刊本。或即此本所據以翻刻者。《清人别集總目》著録。《清人文集别録》評《鮚埼亭集》及《外編》曰：“大抵祖望之學，長於徵文攷獻，於南宋殘明遺事，尤極貫串，有闡幽表微之功。”又曰：“蓋其爲人，博洽有餘，沉厚不足，故持論偏激，多未可據爲典要。”

124 近光集 PL2306. W28

《近光集》二十八卷，八册一函

- 清汪士鋐(1658—1723)編纂，徐修仁參注。士鋐，字文昇，號退谷，長洲人，康熙三十六年(1697)進士。
- 清康熙五十八年(1719)刊本。

- 板匡高 16.7 厘米，寬 12.8 厘米，左右雙邊，每半葉 9 行 19 字。上爲白口，下爲黑口，單黑魚尾，上鐫書名，中鐫卷數及篇目，下鐫葉碼。
- 卷端題“近光集，長洲汪士鋐文昇編纂，昆山徐修仁用晦参注”。
- 卷首依次有：陳乾齋康熙五十八年序，汪士鋐同年自序，雜論，目録。

按：OSU 本缺卷二十四至卷二十八。

125 金元明八大家文選 PL2606. L5 1845

《金元明八大家文選》二十八册二函

- 清李祖陶評點。祖陶，字欽之，號邁堂，上高人，嘉慶十三年(1808)舉人。
- 清道光乙巳年(1845)刊本。
- 板匡高 19.9 厘米，寬 13 厘米，四周雙邊，每半葉 9 行 25 字。白口，單黑魚尾，上鐫文選名，中鐫卷數及作者名，下鐫葉碼。
- 内封題“道光乙巳年新鐫/XXX 文選/上高李祖陶評點/泰和孫明授梓”。
- 前有李鎔經道光乙巳序，末有李祖陶同年跋。

126 鏡花緣 PL2718 I2 C4 1895

《鏡花緣》一百回二十卷，六册一函

- 不題撰者。
- 清光緒二十一年(1895)石印本。
- 本高 19.5 厘米，寬 12 厘米。

- 内封題“圖像鏡花緣”。
- 牌記題“光緒乙未上海文盛書局校印”。
- 卷端題“圖像鏡花緣”。
- 卷首依次爲許喬林、麥大鵬、洪棣元、謝葉梅、王韜序，題詞，繡像（24 幅），目録。

127 儆季雜著

《儆季雜著》：《禮説》六卷，《群經説》四卷，《史説略》四卷，《子敘》一卷，《文鈔》六卷，附儆孫書兩種：《尚書講義》一卷，《颿蓺軒雜著》三卷，共十册一函

- 清黄以周（1828—1889）撰。以周，字元同，號儆季，定海人，同治九年（1870）舉人。
- 清光緒乙未（1895）南菁講舍刻本。
- 板匡高 17.6 厘米，寬 13 厘米，左右雙邊，每半葉 10 行 21 字。黑口，單黑魚尾，中鐫卷名、卷數及葉碼。
- 内封題“儆季所著書五種并儆孫書兩種凡十册”。
- 牌記題“光緒乙未刊於江蘇南菁講舍”。

按：《清人别集總目》著録《儆季文鈔》六卷。《清人文集别録》著録光緒二十一年（1895）刻本一種，然未提刻於南菁講舍及附録各書。

128 空同詩集 PL2718 I24 K84

《空同詩集》三十四卷，十册一函

- 明李夢陽（1473—1529）撰。夢陽，初名莘，字獻吉，自號空同子，慶陽人。
- 清光緒十五年（1889）己丑刊本。

- 板匡高 17 厘米，寬 12.5 厘米，左右雙邊，每半葉 10 行 22 字。白口，單黑魚尾，上鐫“空同詩集”，中鐫卷數，下鐫葉碼。
- 内封題“空同詩集”。
- 牌記題“光緒己丑秋九月渭南嚴氏校刊庚子冬十月校補”。
- 卷首依次有“詩集自序”，“重刻空同先生集敘”，鄧雲霄“附刻明史文苑李夢陽傳”。“傳”第二葉之後缺。
- 卷端題“空同詩集，明北郡李夢陽撰”。

129 浪語集 PL2687. H7 L3 1871

《浪語集》三十五卷，六册一函

- 宋薛季宣(1134—1173)撰。
- 清同治辛未(1871)金陵書局刊本。
- 板匡高 16.5 厘米，寬 13.5 厘米，左右雙邊，每半葉 13 行 22 字。黑口，單黑魚尾，上鐫“薛浪語集”，中鐫卷數，下鐫葉碼。
- 内封題“浪語集”。
- 牌記題“同治辛未二月金陵書局開雕”。
- 卷端題“艮齋先生薛常州浪語集”。
- 卷首依次有“薛浪語集序”，署“同治壬申十二月後學瑞安孫衣言”；“宋史儒林傳”；“四庫提要”；“目録”。

按：加拿大英屬哥倫比亞大學有武昌書局光緒二年(1876)刻本，美國哈佛大學有咸豐十年(1860)瑞安孫氏刻本及同治辛未刻本。

130 樂善堂全集 PL2702. A1

《樂善堂全集》四十卷，序一卷，目録二卷，共二十册二函

- 清乾隆（弘曆，1711—1799）撰。弘曆，號長春居士、十全老人。
- 清刊本。
- 板匡高 19 厘米，寬 13.5 厘米，四周雙邊，每半葉 7 行 18 字。白口，單黑魚尾，上鐫"樂善堂全集"，中鐫卷次及文類名稱，下鐫葉碼。
- 前有乾隆二年（1737）御製序，庚戌年（1730）原序，雍正十年（1732）庄親王允禄序，雍正十一年（1733）允禧序、弘晝序，雍正十年福彭序、鄂爾泰序，雍正八年（1730）張廷玉序，雍正九年（1731）朱軾序、福敏序、蔡世遠序、邵基序、胡煦序，雍正八年（1730）顧天成序。
- 卷尾有乾隆元年（1736）鄂爾泰、張廷玉、福敏、邵基、梁詩正、顧天成跋。

按：《清人别集總目》著録。

131 樂志堂詩文集 PL2727. A57 L6 1860

《樂志堂詩文集》詩集十二卷，文集十八卷，共十二册二函

- 清譚瑩（1800—1871）撰。瑩，字兆仁，號玉生，南海人，道光二十四年（1844）舉人。

- 清咸豐十一年(1861)刊本。
- 板匡高17.8厘米,寬13厘米,左右雙邊,每半葉10行21字。黑口,單黑魚尾,中鐫"樂志堂詩(文)集"、卷數及篇名,下鐫葉碼。
- 卷端題"樂志堂詩集,南海譚瑩玉生撰"。
- 卷首有咸豐十一年自序。
- 鈐有"衛伯倫"印。

按:《販書偶記》著録《樂志堂文集》十八卷,《續集》二卷,《詩集》十二卷,咸豐庚申(1860)春二月吏隱園刊。《清人别集總目》著録。

132　麗體金膏

《麗體金膏》八卷,七册一函

- 清馬俊良輯。
- 清乾隆五十九年(1794)馬氏大西山房刊本。
- 板匡高12.3厘米,寬9.5厘米,左右雙邊,每半葉9行20字。白口,中鐫"麗體金膏/拜颺集"及卷數,下鐫葉碼。

按:OSU本缺卷一。文中有朱筆句讀、評語。

133　濂亭文集　PL2700 C334 L5 1882

《濂亭文集》八卷,二册一函

- 清張裕釗(1823—1894)撰。裕釗,字廉卿,號濂亭,武昌人,道光二十六年(1846)舉人。
- 清光緒八年(1882)查氏木漸齋刊本。
- 板匡高17.2厘米,寬13厘米,左右雙邊,每半葉10

行21字。黑口,單黑魚尾,中鐫"濂亭文集"及卷數,下鐫葉碼。

- 内封題"濂亭文集八卷"。
- 牌記題"光緒壬午秋七月查氏木漸齋刊板蘇州"。
- 卷端題"濂亭文集,武昌張裕釗廉卿"。

按:《清人别集總目》著録。《清人文集别録》稱:"是集爲其門人海甯查燕緒所刊,刻印精好。"

134 兩當軒集

《兩當軒集》二十二卷,《附録》四卷,《考異》二卷,共六册一函

- 清黄景仁(1749—1783)著。
- 清光緒二年(1876)黄氏家塾重刊本。
- 板匡高17.9厘米,寬12.5厘米,四周單邊,每半葉11行22字。黑口,雙黑魚尾,中鐫卷數,下鐫葉碼。
- 内封題"重刊兩當軒全集二十二卷"。
- 牌記題"光緒二年家塾校梓"。
- 卷端題"兩當軒集,武進黄景仁著"。
- 卷首依次有黄景仁自序,小像,徐廷華題詞,汪昉光緒二年序。
- 卷末有徐廷華絕句一首,莊敏"讀兩當軒集"及季錫疇跋。
- 鈐有"鬌絲禪侶"、"松庄館森水氏藏書記"印。

按:《清人别集總目》著録,唯《附録》爲六卷。

135 兩浙輶軒録 PL2537. L453

《兩浙輶軒録》四十卷，附《補遺》十卷，共三十二册四函

- 清阮元(1764—1849)輯。元，見前"035 積古齊鍾鼎彝款識"條。
- 清光緒十六年(1890)刊本。
- 板匡高18.5厘米，寬13厘米，左右雙邊，每半葉12行23字。白口，單黑魚尾，上鐫"兩浙輶軒録"，中鐫卷數及篇名，下鐫葉碼。
- 内封題"兩浙輶軒録"。
- 牌記題"光緒十有六年/浙江書局重刻"。
- 卷端題"督學使者阮元訂"。
- 卷首有阮元"兩浙輶軒録序"。
- 四十卷末注"張大昌、張鴻儀、顔佑寬校"，附光緒十六年潘衍桐跋。補遺卷首有阮元嘉慶八年(1803)序。

136 兩浙輶軒續録 PL2537. L45

《兩浙輶軒續録》五十四卷，附《補遺》六卷，共四十册五函

- 清潘衍桐(1841—1899)輯。衍桐，原名汝桐，字孝則，號峰琴，南海人。同治七年(1868)進士。
- 清光緒十七年(1891)刊本。
- 板匡高18.5厘米，寬13厘米，左右雙邊，每半葉12行23字。白口，單黑魚尾，上鐫"兩浙輶軒續録"，中鐫卷數及篇名，下鐫葉碼。
- 内封題"兩浙輶軒"。

- 牌記題“光緒十七年浙江書局刻”。
- 卷端題“督學使者潘衍桐訂”。
- 卷首有葉赫崧駿“兩浙輶軒續録敘”、潘衍桐“自敘”、“儗輯兩浙輶軒續録徵詩啟”。

137 郘亭詩鈔 PL2719 O7 A17 1866

《郘亭詩鈔》六卷，附《遺詩》八卷，共四册一函

- 清莫友芝(1811—1871)撰。友芝，字子偲，號郘亭，獨山人。
- 清同治五年(1866)刊本。
- 《郘亭詩鈔》，板匡高17.9厘米，寬12.7厘米，左右雙邊，每半葉10行21字。白口，雙黑魚尾，中鐫“郘亭詩鈔”及卷數，下卷葉碼。
- 内封題“郘亭詩鈔”。
- 牌記題“咸豐壬子遵義湘川講舍舊刊同治丙寅江寧三山客舍修補”。
- 卷端題“郘亭詩鈔，獨山莫友芝子偲”。
- 《郘亭遺詩》，板匡高17.6厘米，寬12.5厘米，左右雙邊，每半葉10行21字。白口，雙黑魚尾，中鐫“郘亭遺詩”及卷數，下鐫葉碼。
- 卷首有“徵君莫子偲墓誌銘”，署“武昌張裕釗撰”。
- 鈐有“餘杭魯全清印”、“書禪室”、“躬厚堂圖書”印。

按：《清人别集總目》著録。此本内封有墨筆題記曰：“□(夢)山既工篆隸，亦好爲詩，尤喜蓄冷異精槧之本，因檢季贶先生舊貽郘亭詩四册奉遺，所謂寶劍贈於烈士也。”尾押“餘杭魯全清印”。

138 梅村詩集箋注

《梅村詩集箋注》十八卷，十二册二函

- 清吴偉業(1609—1672)撰，吴翌鳳(1742—1819)箋注，嚴榮(1760—1821)校訂。偉業，字駿公，號梅村，太倉人，明崇禎四年(1631)進士。
- 清嘉慶甲戌(1814)刊本。
- 板匡高 18 厘米，寬 13 厘米，四周單邊，每半葉 10 行 21 字，間有雙行小字注解，白口，單黑魚尾，上鎸"梅村詩集"，中鎸卷數，下鎸葉碼。
- 内封題"吴梅村詩集箋注/滄浪吟榭刊板"。
- 卷端題"梅村詩集箋注，長洲吴翌鳳撰，滄浪吟榭校定本"。
- 卷首依次有"欽定四庫全書總目提要"；"吴梅村先生行狀"，署"太倉顧湄伊人撰，康熙十二年七月二十一日"；"弁言"，署"嘉慶甲戌秋八月滄浪吟榭主人嚴榮識"；"吴梅村先生墓表"，署"澤州陳廷敬説巖"；"凡例"，敘刻書事；"目録"。
- 鈐有"櫻山文庫"印。

139 明詞綜

《明詞綜》

- 清王昶(1724—1806)輯。昶，見前"111 國朝詞綜"條。
- 内封題"王蘭泉比部纂/明詞綜/計十二卷"。
- 卷首有"序"，署"嘉慶七年八月青浦王昶撰"。

140 明三十家詩選 PL2536. W3 1873

《明三十家詩選》:《初集》八卷,《二集》八卷,共八册一函

- 清汪端(1794—1838)輯。
- 清同治癸酉(1873)藴蘭吟館重刊本。
- 板匡高18.5厘米,寬14厘米,左右雙邊,每半葉11行22字。黑口,單黑魚尾,中鐫書名及卷數,下鐫葉碼。
- 《初集》内封題"明三十家詩選初集"。
- 牌記題"同治癸酉十月藴蘭吟館重刊"。
- 卷首依次有"記夢",署"嘉慶庚辰孟冬十月汪端記";"序",署"道光二年壬午正月錢塘楚生内史梁德繩書於古春軒";"序",署"道光二年歲次壬午長至日長洲墨琴女史曹貞秀序於里門之寫韻軒";"凡例",署"道光元年歲在辛巳元旦錢塘汪端識"。
- 《二集》内封題"明三十家詩選二集"。
- 牌記題"同治癸酉十月藴蘭吟館重刊"。

141 明詩綜 PL2536 C5 1705

《明詩綜》一百卷,四十八册四函

- 清朱彝尊(1629—1709)編。彝尊,見前"095 词綜"條。
- 清康熙四十四年(1705)刊本。
- 板匡高18.8厘米,寬14.3厘米,左右雙邊,每半葉11行21字。白口,單黑魚尾,中鐫"明詩綜"及卷數,下鐫葉碼。

- 卷首爲“欽定四庫全書提要”，次有康熙四十四年朱彝尊序。

142 南山集

《南山集》十四卷，附《補遺》上、中、下三卷，共八册一函

- 清戴名世(1653—1713)撰。名世，字田有，又字南山，號褐夫，又號憂庵，又名潛虚，安徽桐城人，康熙四十八年(1709)進士。
- 清光緒二十六年(1900)張仲沅校刊本。
- 板匡高19.5厘米，寬13厘米，四周雙邊，每半葉10行19字。黑口，單黑魚尾，上鐫卷數及卷名，下鐫葉碼。
- 内封題“南山文集十四卷/補遺附後”。
- 牌記題“光緒二十六季夏月重鐫”。
- 卷端題“南山集，桐城戴褐夫著”。
- 卷首依次有：“南山集序”，署“宿松朱書撰”；“方序”，署“同里方苞撰”；“尤序”，署“辛巳日受業尤雲鶚識”；“戴先生傳”，署“邑後學徐宗亮謹撰”；“年譜”；“目録”；“孑遺録”，署“道光辛丑十二月宗後學鈞衡謹識”；“南山集後序”，署“邑後學徐宗亮識”。
- 卷末補遺後有“跋”，署“後學張仲沅謹識”。
- 每卷末刻有“邑後學張仲沅校刊”。

按：《清人文集别録》稱：“《南山集》原刻本流傳已稀。今所見十四卷本，乃其鄉人戴鈞衡所裒輯者。凡違禁之文，悉已删汰，無復舊觀。”然其所著録《潛

盧先生文集》十四卷刻於光緒十八年(1892),補有前遭禁燬之《孑遺録》,與此編同。

143 廿一史彈詞注 PL2698 Y3 N5 1832

《廿一史彈詞注》十卷,附《明紀彈詞注》二卷,共八册一函

- 明楊慎(1488—1559)編著,清張三異(1609—1691)增定,張仲璜注。
- 清道光十二年(1832)重刊本。
- 板匡高 19.5 厘米,寬 14.5 厘米,四周雙邊,每半葉 11 行 21 字。白口,單黑魚尾,上鐫"廿一史彈詞",中鐫卷數,下鐫葉碼。
- 内封題"四庫館大總裁核定/廿一史彈詞注/致盛堂藏板"。
- 卷端題"廿一史彈詞注,成都楊慎用修編著,富平楊浚松林重刻,漢陽張三異禹木增定"。
- 卷首依次有:道光十二年楊浚"重刻二十二史彈詞序",張仲璜康熙四十九年(1710)"彈詞注序",張三異"明紀彈詞注序",宋鳳翔"廿一史彈詞舊序","彈詞注凡例"。
- 卷末附"類聚數攷"。

按:據重刻序,此集重刻"明楊用脩(慎)先生《廿一史彈詞》","漢陽張禹木(三異)先生復增《明紀彈詞》,命其嗣君别麓(仲璜)先生合爲之注",合爲《二十二史彈詞》。

144 甌北集 PL2700.C3508

《甌北集》四十九卷，十二册一函

- 清趙翼（1727—1814）撰。翼，見前“032 皇朝武功紀盛”条。
- 清嘉慶壬申（1812）刻本。
- 板匡高18厘米，寬14.4厘米，左右雙邊，每半葉11行21字。白口，單黑魚尾，上鐫“甌北集”，中鐫卷數，下鐫葉碼。
- 内封題“嘉慶壬申/甌北集/壽考堂藏板”。
- 卷首有：乾隆二十二年（1757）汪由敦“甌北初集序”；乾隆四十二年（1777）蔣士銓，乾隆五十年（1785）王鳴盛、翁方綱、吴省欽、祝德麟，乾隆五十五年（1790）錢大昕序。
- 卷端題“陽湖趙翼雲崧”。
- 鈐有“紫硯樓”、“小田氏藏書印”。

按：據目録，此編當有正文五十卷，《續增詩集》三卷，共五十三卷。OSU本缺卷五十及《續增詩集》。《清人别集總目》載壽考堂本，爲五十三卷。

145 甌北詩鈔 PL2700.C35 O83 1874

《甌北詩鈔》十九卷，六册一函

- 清趙翼（1727—1814）撰。翼，見前“032 皇朝武功紀盛”条。
- 清同治甲戌（1874）紅杏山房刻本。
- 板匡高18厘米，寬14.5厘米，左右雙邊，每半葉10行21字。白口，單黑魚尾，上鐫“甌北詩鈔”，中鐫卷數,下鐫葉碼。

- 内封題"同治甲戌重鐫/甌北詩鈔/紅杏山房藏板"。
- 卷端題"陽湖趙翼雲崧"。
- 卷首有:乾隆二十二年(1757)汪由敦"甌北詩集序";乾隆四十二年(1777)蔣士銓,乾隆五十年(1785)翁方綱、吴省欽、祝德麟(歐北集)序,乾隆五十六年(1791)李□□、張舟、族孫懷玉"甌北詩鈔序/跋"。
- 鈐有"冰清玉潔"、"金谿趙氏"、"宋清獻公子孫"印。

按:據張舟"甌北詩鈔跋",此編乃從趙翼前刻《甌北詩集》三十三卷中選出,"存舊刻十之五六,分體重編,名曰《甌北詩鈔》,併載諸君子評語"。《清人别集總目》著録。

146 歐陽文忠公全集

PL2683. A1 1893

《歐陽文忠公全集》一百五十三卷,《卷首》一卷,《附録》五卷,共三十九册四函。

- 宋歐陽修(1007—1072)撰。修,字永叔,自號醉翁,晚號六一居士,廬陵人。
- 清嘉慶二十四年(1819)歐陽衡校刊本。
- 板匡高 19.5 厘米,寬 14 厘米,四周單邊,每半葉 10 行 24 字。白口,單黑魚尾,上鐫"歐陽文忠公全集",中鐫篇名,下鐫葉碼。
- 卷端題"歐陽文忠公全集,二十七世孫衡校刊"。
- 卷首依次有:"居士集序",署"門人翰林學士承旨左朝奉郎知制誥兼侍讀蘇軾撰,元祐六年六月十五日";"跋",署"嘉慶庚辰四月既望内閣中書舍人二十七世孫綮謹識於京邸";"周序",署"六月己巳前進士周必大謹書";"序",署"嘉慶歲陽三在己月陽初在丁舊史氏全椒吴鼒拜譔";"重刊敘略",署"嘉慶二十四年歲次己卯仲春月二十七世孫衡謹敘";"凡例",署"二十七世孫衡擬定"。

按:此集書套上記爲四十册四函,每函各十册。然首函内僅存九册,爲册二至册十。據乾隆壬子(1792)刊本,疑缺年譜一册。

147　番禺潘氏詩略　PL2516. P3P3

《番禺潘氏詩略》四册一函

- 清潘儀增編,潘飛聲(1858—1934)校。
- 清光緒二十年(1894)刊本。
- 板匡高 17 厘米,寬 13 厘米,左右雙邊,每半葉 10 行 21 字。黑口,單黑魚尾,上鐫"番禺潘氏詩略",中鐫篇名,下鐫葉碼。
- 内封題"番禺潘氏詩略"。
- 牌記題"光緒二十年十一月刻竟"。
- 卷端題"潘儀增伯澂編,潘飛聲蘭史校"。
- 卷首有潘儀增光緒甲午(1894)自序。
- 鈐有"老杏所藏"印。

按:本編計收《南雪巢詩鈔》、《義松堂遺稿》、《常陰堂遺詩》、《怡怡堂詩草》、《萬松山房詩鈔》、《漱石山房剩稿》、《麗澤軒詩鈔》、《北游草》、《遲圃詩存》、《黎哉詩草》、《聽颿樓詩鈔》、《六崧園詩集》、《海山仙館叢稿》、《培春堂吟草》、《雙桐圃集》、《三長物詩鈔》、《紉茝軒吟稿》、《三十六村草堂詩鈔》、《天蠁琴齋詩草》、《梧桐庭院詩鈔》、《健盦賸草》、《望瓊仙館詩鈔》和《松下清齋小草》共二十三種。每種篇首皆有作者事略。

148 **彭羡门全集** PL2722. E534 A1 1911

《彭羡門全集》:《松桂堂全集》三十七卷,《南淮集》三卷,《延露詞》四卷,共六册一函

- 清彭孫遹(1631—1700)撰。孫遹,字駿孫,號羡門,又號金粟山人,浙江海鹽人。順治十六年(1659)進士,康熙十八年(1679)試博學鴻詞,擢一等一名。官至吏部侍郎,兼翰林院掌院學士。三十六年(1697)告老還鄉,康熙賜其居"松桂堂"匾額。爲廣陵詞壇核心人物之一。另著有《金粟詞話》等。
- 上海掃葉山房宣統三年(1911)石印本。
- 本高 23 厘米,寬 15 厘米。
- 内封題"松桂堂原本/彭羡門全集/掃葉山房石印"。
- 牌記題"宣統三年石印"。
- 鈐有"龔玉龍印"。

按:1972 年臺灣商務印書館《四庫全書珍本》三集(集部·别集類),影印文淵閣手抄本《松桂堂全集》四十三卷(《松桂堂全集》三十七卷,《延露詞》三卷,《南淮集》三卷)。

149 瓶水齋詩集 PL2724. H8 P5 1886

《瓶水齋詩集》十六卷,附《别集》二卷,六册一函

- 清舒位(1765—1815)撰。位,字立人,又字鐵雲,大興人,乾隆五十三年(1788)舉人。
- 清光緒十二年(1886)刊本。
- 板匡高 18 厘米,寬 13.5 厘米,四周單邊,每半葉 12 行 23 字。白口,單黑魚尾,中鐫"瓶水齋詩集"及卷數,下鐫葉碼。
- 内封題"瓶水齋詩集/秀水沈景修署檢"。
- 牌記題"光緒十二年歲丙戌四月開鋟"。
- 卷端題"大興舒位立人"。
- 卷首有:譚獻"重刻瓶水齋集序"及宋思人、龍鐸、李廷敬、梁同書、蕭掄詩集序。
- 鈐有"蔡允遐長"、"蔡允"印。

按:《販書偶記》著録此書爲嘉慶二十一年(1816)初刊,光緒丙戌(1886)定州王氏謙德堂重刊。《清人别集總目》著録《瓶水齋詩集》多種,唯無十六卷本。卷首邊保樞光緒丁亥(1887)引,敘重刻緣起曰:"瓶水齋集十六卷、别集二卷,自巴樸園副使刊於真州,閲七十余年,板片寖失。吾友鐵岑宗嘯梧……繼巴氏重鋟,以廣其傳……假得原刻本,再授梓而疾作,綿惙之際,舉付保樞,屬爲卒業。"OSU 藏本卷首封面有墨筆題記曰:"余買《瓶水齋集》,此已第三次。首次買於舊都,十六年(1927)攜歸庋世德堂西湄書屋。二十七年(1938)戊寅夏災於兵火。自十六年逡于役南都,此書未置行篋,遂又買一部。丁

丑(1937)之難,爲人攫去。及是已三得兩失矣。初閲管達如先生言,立人《瓶水齋集》,婉而多風,後誦龔定盦詩,謂舒詩郁怒横逸。平居每對斯編,輒嘆二先生論詩之指,適如其分也。”

150 欽定國朝詩别裁集 PL2537.C47 1761

《欽定國朝詩别裁集》三十二卷,十六册二函

- 清沈德潛(1673—1769)纂評。德潛,見前“108 古詩源”條。
- 清乾隆二十六年(1761)刊本。
- 板匡高 17 厘米,寬 13.3 厘米,左右雙邊,每半葉 10 行 19 字。白口,單黑魚尾,上鐫“國朝詩别裁集”,中鐫卷數,下鐫葉碼。
- 内封題“欽定國朝詩别裁集/禮部尚書臣沈德潛纂評”。
- 卷端題“欽定國朝詩别裁集/禮部尚書臣沈德潛纂評”。
- 卷首有“御製沈德潛選國朝詩别裁集序”,署“乾隆二十六年歲在辛巳仲冬月御筆”。
- 鈐有“萬卷堂”印。

151 清芬樓遺稿 PL2714.E4 C4 1818

《清芬樓遺稿》四卷,二册一函

- 清任啟運(1670—1744)撰。啟運,字翼聖,號釣臺,宜興人,雍正十一年(1733)進士。
- 清光緒十四年(1888)任氏家塾刻本。

- 板匡高 18.6 厘米，寬 14.1 厘米，左右雙邊，每半葉 12 行 22 字。黑口，雙黑魚尾，上鐫“清芬樓遺稿”及卷數，下鐫葉碼。
- 内封題“清芬樓遺稿”。
- 卷首有“序”，署“嘉慶二十有一年歲次丙子孟夏之月三韓後學百齡”；次有“序”，署“嘉慶丁丑孟夏之月無錫後學秦瀛”。
- 卷末有跋，署“嘉慶二十有一年歲在丙子孟秋之月門下晚生英和”；次有“跋”，署“嘉慶二十三年歲次戊寅八月二十四日曾孫泰”；隔三行刻“光緒十四年歲在著雍困敦冬十二月族孫道鎔開雕”。

按：《清人別集總目》著録。《清人文集別録》稱：“此本乃其族孫道鎔於光緒中重刊（按：英和始刻）者也。”

152　清暉贈言　　ND1049. W32 H48

《清暉贈言》十卷，三册一函

- 清王翬（1632—1717）著，徐永宣（1674—1735）編次。
- 清宣統三年辛亥（1911）重刊本。
- 板匡高 16.5 厘米，寬 10.5 厘米，四周單邊，每半葉 10 行 32 字。黑口，中鐫“清暉贈言”及卷數，下鐫葉碼及“風雨樓”。
- 内封題“清暉贈言”。
- 牌記題“辛亥八月順德鄧氏風雨樓依原刊本重鐫”。
- 卷首依次有：“自序”，署“烏目山人王翬”；康熙癸巳三月嘉定張雲章序；高錂序；席鎬序；王棪序；王吉武序；唐孫華序；陳見龍序。

153 榕村詩選

《榕村詩選》八卷，卷首一卷，四册一函

- 清李光地（1642—1718）著。光地，見前“075 榕村語録續集”條。
- 清雍正七年（1729）刊本。
- 板匡高 17.9 厘米，寬 13 厘米，左右雙邊，每半葉 9 行 19 字。白口，單黑魚尾，上鐫“榕村詩選”，中鐫卷數，下鐫葉碼。
- 每卷卷末有牌記曰：“石川方氏藏板雍正己酉十月刊於杭州臬署。”
- 卷首有：方觀序兩篇，皆署雍正八年（1930）正月；次唐紹祖跋，再次例。附徐用錫識語。
- 鈐有“井井居士珍藏”、“菱華山館藏書”、“守真草堂珍藏”、“長尾氏藏書印”、“雨山居士”、“竹添光鴻”印。

按：《清人别集總目》著録。

154 三蘇全集

《三蘇全集》：《嘉祐集》二十卷，《東坡全集》八十四卷，《欒城初集》四十八卷，《欒城後集》二十四卷，《欒城第三集》十卷，《欒城應詔集》十二卷，《斜川集》六卷，共六十四册九函

- 宋蘇洵（1009—1066）、蘇軾（1037—1101）、蘇轍

(1039—1112)撰。洵,字明允,號老泉,眉州眉山人。軾,字子瞻,又字和仲,號東坡居士,世稱蘇長公,眉州眉山人。轍,字子由,一字同叔,晚號潁濱遺老,眉州眉山人。

- 清道光癸巳(1833)眉州三蘇祠刻本。
- 《嘉祐集》、《東坡全集》、《欒城初集》、《欒城後集》、《欒城第三集》及《欒城應詔集》,爲清道光壬辰(1832)刊本,《斜川集》爲清道光七年(1827)刊本。
- 板匡高 19 厘米,寬 14.5 厘米,左右雙邊,每半葉 9 行 25 字。黑口,雙黑魚尾,中鐫書名、卷數及篇名,下鐫葉碼。
- 内封題"三蘇全集"。
- 卷首依次有"補刻三蘇全集跋",署"道光癸巳三月中州弓翊清跋";"序",署"道光乙酉歲前進士知眉州直隸州事浠川徐陳謨撰";"三蘇全集原敘",署"古晉後學任長慶撰";"三蘇全集凡例",署"撿校文生楊光泗識"。
- 《嘉祐集》内封題"道光壬辰新鐫/嘉祐集/板藏眉州三蘇祠"。
- 蘇過(1072—1123)所著《斜川集》内封題"眉州三蘇祠藏板/斜川集/道光七年三月鐫"。
- 卷首有"序",署"道光六年嘉平月上浣中州弓翊清書"。
- 卷末有跋,述刻書事,署"後學王之俊";末列經理紳士姓名。

155 三魚堂文集 PL2718. U4 S3 1889

《三魚堂文集》:《文集》十二卷,《附録》一卷,《外集》六卷,《年譜》一卷,共八册一函

- 清陸隴其(1630—1693)撰。隴其,原名龍其,字稼書,號三魚,浙江平湖人,康熙九年(1670)進士。
- 清光緒十五年(1889)涇陽柏經正堂刊本。
- 板匡高 16.8 厘米,寬 14.2 厘米,四周雙邊,每半葉 9 行 20 字。黑口,雙黑魚尾,上鎸"三魚堂文集",中鎸卷數,下鎸葉碼及"柏經正堂藏書"。
- 内封題"陸清獻公三魚堂文集"。
- 牌記題"涇陽柏經正堂開雕"。
- 卷端題"平湖陸隴其稼書著,涇陽柏森重刊"。
- 卷首有光緒十五年賀瑞麟"重刻三魚堂文集序"及侯開國"原序"。
- 《年譜》卷末有賀瑞麟後跋。

按:《清人别集總目》著録。《清人文集别録》稱:"是集爲其門人侯銓所編。……《四庫提要》嘗糾其編次之陋。……是集雖非隴其手定,而編次先後,其門人固嘗親承指授。《提要》舉此相訕,蓋猶未達其用意也。"

156 善卷堂四六 PL2718. U36 S5

《善卷堂四六》十卷,四册一函

- 清陸繁弨(1635—1684)撰。繁弨,字拒石,錢塘人。
- 清乾隆庚寅(1770)刊本。
- 板匡高 15 厘米,寬 11.7 厘米,左右雙邊,每半葉 9

行21字。白口,單黑魚尾,上鐫"善卷堂四六",中鐫卷數及篇名,下鐫葉碼。

- 内封題"乾隆庚寅年新鐫/善卷堂四六/亦園藏板"。
- 卷端題"武林陸繁弨拒石撰,桐城吴自高若山氏注,武進陳明善服旃校閲"。
- 卷首有乾隆九年(1744)張廷玉序,徐炯序,章藻功跋,陳廷會序。

按:《清人别集總目》著録。

157 邵子湘全集 PL2724.H35 1897

《邵子湘全集》:《青門旅稿》六卷,《青門賸稿》八卷,共八册一函

- 清邵長蘅(1637—1704)撰。長蘅,字子湘,號青門山人,武進人。
- 清刻本。
- 板匡高19.4厘米,寬14.2厘米,左右雙邊,每半葉10行21字。黑口,單黑魚尾,上鐫卷名,中鐫卷數及篇名,下鐫葉碼。
- 卷端題"青門旅稿,毘陵邵長蘅子湘纂,濟南王士禎貽上評"。
- 《青門旅稿》卷首有自序,署"邵長蘅題";次有"旅稿詩序",署"康熙己未重九前一日合肥李天馥譔";次有"旅稿文序",署"華山七十四老人王弘撰"。
- 《青門賸稿》卷首有"井梧集題辭",署"商丘宋犖";次有"序",署"錢唐馮景山公","康熙己卯中秋朔日"。

按:《清人别集總目》著録。

158 石船居古今體詩賸稿 PL2780.C43 S5 1900Z

《石船居古今體詩賸稿》二十卷,六册一函

- 清李超瓊(1847—1909)著。超瓊,字惕夫,號藤軒,合江人。
- 清刊本。
- 板匡高 17.5 厘米,寬 12 厘米,四周雙邊,每半葉 9 行 22 字。白口,單黑魚尾,上鐫卷名,中鐫卷數,下鐫葉碼及“石船居賸稿”。
- 卷端題“石船居古今體詩賸稿,合江李超瓊惕夫”。

按:《清人别集總目》著録。

159 施愚山先生全集 PL2724 H45

《施愚山先生全集》:《年譜》四卷,《家風述略》一卷,《家風述略續編》一卷,《詩集》五十卷,《别集》四卷,《外集》二卷,《遺集》六卷,《文集》二十八卷,共二十册二函

- 清施閏章(1619—1683)著。閏章,字尚白,又字屺雲,號愚山,一號媿蘿居士,又號蠖齋,晚號矩齋,宣城人,順治六年(1649)進士。
- 清乾隆年间刊本。
- 板匡高 17.5 厘米,寬 13 厘米,四周雙邊,每半葉 11 行 21 字。白口,單黑魚尾,上鐫書名,中鐫卷數及卷名,下鐫葉碼。
- 内封題“施愚山先生全集/附隨村先生遺集”。

- 卷首依次有"愚山先生集序",署"寧都易堂魏禧撰";"校閲姓氏";"圖贊";"愚山先生年譜序",署"乾隆丁卯七月望仁和後學杭世駿"。
- 《家風述略》卷首有"尤序",署"長洲尤侗拜譔";次有"序",署"武林後學毛先舒頓首拜撰"。
- 《詩集》内封題"楝亭藏本/施愚山先生詩集/計五十卷"。
- 卷首有"序",署"長洲汪琬"。
- 卷末有雙行牌記題"康熙戊子九月楝亭梓行"。
- 後續收録《别集》四卷、《外集》二卷及《遺集》六卷。《外集》卷末有"劉跋",署"乾隆乙酉六月再外孫南陵劉琦謹跋於秦淮官署"。《遺集》卷首有"序",署"乾隆元年歲在丙辰孟秋既望年家眷世姪吴芮頓首拜撰"。
- 《文集》内封題"楝亭藏本/施愚山先生文集/計二十八卷"。
- 卷末有雙行牌記題"康熙戊子九月楝亭梓行"。
- 鈐有"紫硯樓"印。

160 樹經堂詠史詩 PL2710 S54 S5 1798

《樹經堂詠史詩》八卷,二册一函

- 清謝啟昆(1737—1802)撰。啟昆,字蘊山,號蘇潭,南康人,乾隆二十五年(1760)進士。
- 清嘉慶三年(1798)刊本。
- 板匡高 18 厘米,寬 14 厘米,四周雙邊,每半葉 9 行 21 字。白口,單黑魚尾,上鐫"詠史詩",中鐫卷數,下鐫葉碼。

- 内封題“詠史詩/樹經堂藏板”。
- 卷首有翁方綱、彭元瑞、吴錫麟、阮元、趙翼、吴省蘭序。
- 鈐有“長城窟藏書記”印。

按:《清人別集總目》著録。

161 説岳全傳 PL2705 I3 S3 1864

《説岳全傳》八十回二十卷,十册一函

- 清錢彩編次,金豐增訂。
- 清刊本。
- 板匡高 11.5 厘米,寬 9.5 厘米,四周單邊,每半葉 12 行 21 字。白口,單黑魚尾,上鐫“説岳全傳”,中鐫卷、回數,下鐫葉碼。
- 内封題“仁和錢彩先生纂/説岳全傳/淮涇堂藏板”。
- 卷端題“增訂精忠演義説本全集”。
- 目録端題“新鐫精忠演義説本岳王全傳目,仁和錢彩錦文氏編次,永福金豐大有氏增訂”。
- 卷首依次有:金豐序,目録,圖像(40 幅)。
- 鈐有“曾在北村益家”、“百仙洞”、“古心”印。

162 思綺堂文集 PL2700.C3 S75

《思綺堂文集》十卷,十册一函

- 清章藻功(1656—?)撰注。藻功,字豈績,號綺望,錢塘人,康熙四十二年(1703)進士。
- 清聚錦堂刻本。

- 板匡高 19.5 厘米，寬 14.2 厘米，四周單邊，每半葉 10 行 22 字。白口，單黑魚尾，中鐫“思綺堂文集”及卷數，下鐫葉碼。
- 内封題“錢塘章豈績著/注釋思綺堂四六文集/聚錦堂藏板”。
- 卷端題“思綺堂文集，錢塘章藻功豈績氏撰注”。
- 卷首依次有：“注釋思綺堂文集凡例”，署“康熙壬寅中伏日息廬主人豈績氏自識”；“許序”，署“禮部尚書年通家眷生許汝霖拜序”；“傅序”，署“西川友人傅作楫拜題”。

按：《清人别集總目》著録。

163 宋王忠文公文集 PL2687.W28 A1 1876

《宋王忠文公文集》五十卷，目録四卷，共十二册二函

- 宋王十朋(1112—1171)撰，清唐傳鉎重編。十朋，字龜齡，號梅溪，樂清人。
- 清光緒二年(1876)刊本。
- 板匡高 18 厘米，寬 14 厘米，四周單邊，每半葉 11 行 21 字。白口，單黑魚尾，上鐫“宋王忠文公集”，中鐫卷數，下鐫葉碼及篇名。
- 内封題“宋王忠文公全集/邑後學董史良蔡保東仝捐刊”。
- 卷端題“宋王忠文公文集，知樂清縣事楚南後學唐傳鉎人岸重編，邑後學進士楊森秀清令校”。
- 卷首依次有：“宋梅溪王忠文公文集序”，署“朱熹代劉共父序”；“宋梅溪王忠文公文集原序”，署“正統

五年户部尚書兼武英殿大學士□淮書”;“宋梅溪王忠文公文集原序”,署“正統庚申刑部右侍郎前温州府何文淵”;“宋梅溪王忠文公文集今序”,署“雍正六年孟冬初澣分巡浙東使者瑯邪後學王斂福”;“宋梅溪王忠文公文集今序”,署“雍正六年孟冬初浣温州守古泉州後學芮復傳”;“宋梅溪王忠文公文集今序”,署“雍正戊申九月知樂清縣事楚南後學唐傳鉎”;“梅溪王忠文公書院記”;“宋龍圖閣學士王公墓誌銘”;“宋史本傳”;“跋”,署“男宣教郎充荆湖北路營田使司幹辦公事賜緋魚袋聞理謹書”;“跋”,署“稽山後學王鶴齡”;“跋”,署“邑後學徐炯文”;“跋”,署“雍正己酉夏五邑後學象山教諭林培”;“凡例”,署“雍正六年歲在戊申孟冬初吉知樂清縣事楚南後學唐傳鉎”。

- 卷末有“梅溪王忠文公年譜”,其後題“光緒貳年歲次丙子重刊”,署“邑後學徐樹聲董鳳鏘陳宏模重校訂”;次有“重刻梅溪集跋”。

164 蘇盦文録

《蘇盦文録》二卷,《駢文録》五卷,《詩録》八卷,《詞録》一卷,共五册一函

- 清楊葆光(1832—1912)撰。葆光,字古醖,號紅豆詞人,松江人。
- 清光緒癸未(1883)刊本。
- 板匡高 17 厘米,寬 12 厘米,左右雙邊,每半葉 10 行 21 字。黑口,雙黑魚尾,中鐫書名及卷數,下鐫

葉碼。

- 内封題“蘇盦文録二卷駢文録五卷詩録八卷詞録一卷”。
- 牌記題“光緒癸未刊于杭州”。
- 卷首有“蘇盦文録序”，署“光緒九年冬日紅豆詞人楊葆光”。
- 鈐有“寒山”、“□明”、“子安”印。

按：《清人别集總目》著録。此書卷端有鋼筆手書“此書被大華盜印後蓋校章”。大華爲台灣一印書館，1968年影印此書後收入“大華文史叢書”第一集。

165 蘇文忠公海外集 PL2685.H3 1778

《蘇文忠公海外集》四卷，四册一函

- 宋蘇軾（1037—1101）撰，清王時宇校。軾，見前“153 三蘇全集”條。
- 清刊本。
- 板匡高12.5厘米，寬10厘米，左右雙邊，每半葉9行21字。白口，單黑魚尾，上鐫“海外集”，中鐫卷數及篇名，下鐫葉碼。
- 鈐有“映月山房”、“對”、“長沙海關管史撿明”印。

按：OSU藏卷三、卷四，缺卷一、卷二。

166 所託山房詩集 PL2701.O76556 1890Z

《所託山房詩集》四卷，二册一函

- 清周退桃（1837—1892）撰。退桃，字祝齡，順德人。

- 板匡高18.5厘米，寬12厘米，左右雙邊，每半葉9行21字。白口，單黑魚尾，上鐫“所託山房詩集”，中鐫卷名，下鐫葉碼及卷數。
- 卷端署“順德周遐桃祝齡”。
- 卷首有簡朝亮“清故詩人周祝齡先生墓志銘”，“讀書草堂明詩，專録其論所託山房詩者”。

按：俄州大圖書館著録爲1890年（清光緒十六年）版。據卷首簡朝亮墓志銘，周卒於光緒十八年（1892），“余痛哭而賻，遂徹晝夜編其詩，都爲集四卷”，則此編成於1890年之説不確。《清人别集總目》著録兩種，分别爲一卷本和四卷本，版本待考，藏家各爲華南師大與日本京都大學文學部中哲文研究室。

167 他山賸简 PL2610. P4

《他山賸簡》二卷，二册一函

- 清裴枏輯。
- 光緒辛丑（1901）年刊本。
- 板匡高16.2厘米，寬12厘米，左右雙邊，每半葉11行21字。細黑口，單黑魚尾，中鐫“賸簡”，下鐫葉碼。
- 卷首有“他山賸簡序目”，署“光緒辛丑年冬月阜甯裴枏謹識”。

按：此編爲裴枏之父裴蔭森（1823—1895）所藏書信，“序目”已説明。因無扉葉或内封，OSU依序目所署定爲辛丑刊。香港中文大學藏有一册，定爲癸亥(1923),然亦無坊名。書中所收書信之作者皆當時顯要,議事論學,不無參考價值。

168 坦園全集 PL2670.A1 1633a

《坦園全集》一百卷,三十五册四函

- 清楊恩壽(1835—1891)著。恩壽,字鶴儔,號鵬海、蓬海等,長沙人。
- 清光緒年間楊氏坦園刻本。
- 板匡高16厘米,寬12.4厘米,四周雙邊,每半葉9行21字。白口,單黑魚尾,上鐫卷名,中鐫卷數,下鐫葉碼。
- 内封題"坦園全集"。
- 牌記題"長沙楊氏坦園藏板"。
- 《詩録》卷首依次有:"吴敘",署"光緒丁丑仲春海陽吴寶儉謹敘於楚北武昌寓齋";"王序",署"光緒四年戊寅王先謙";"裴敘",署"越南珠江裴文禩書於晴川閣下舟次"。
- 《賦録》卷首有"自敘",署"光緒乙酉中秋楊恩壽自敘於思鶴竹屋"。
- 《傳奇六種》卷首有"自敘",署"長沙楊恩壽自敘";次有"楊序",署"武陵移芝老人楊彝珍"。
- 《詞餘叢話》卷首有"序",署"丁丑秋九月越南國貢部正使珠江裴文禩殷年甫拜序於漢陽鸚鵡舟次"。
- 《眼福編初集》卷首有"自敘",署"光緒十有一年秋季月長沙楊恩壽蓬海自敘於坦園之思鶴竹屋"。
- 《眼福編二集》卷首有"自敘",署"蓬道人自記"。

- 《燈社嬉春集》卷首有“自敘”，署“縠雨日蓬道人自誌於坦園”；次有“序”，署“咸豐丙辰秋九月中澣大興子重劉銓福敘於長沙旅次之蟄室”。
- 《四書對聯》卷首有“自敘”，署“丁亥除夕恩壽自識”。
- 《小序韻語》（詩序韻語）卷首有“自敘”，署“光緒新元歲在乙亥楊恩壽鵬海父自敘於坦園”。
- 《雉舟酬唱集》卷首有“題評”，署“丁丑仲春遜學老人孫衣言記”；次有“自敘”，署“三月三日楊恩壽自識”。
- 鈐有“江紹銓印”。

按：OSU 此編收《文録》十四卷，《詩録》二十卷，《詞録》七卷，《詞餘》一卷，《賦録》一卷，《偶録》三卷，《傳奇六種》四册，《詞餘叢話》三卷，《續詞餘叢話》三卷，《眼福編初集》十四卷，《眼福編二集》十五卷，《眼福編三集》七卷，《四書對聯》一卷，《小序韻語》一卷，《雉舟酬唱集》一卷，《蘭芷零香録》（存目）。《清人别集總目》著録的《坦園全集》收《文録》十四卷，《詩録》二十卷，《詞録》七卷，《詞餘》一卷，《賦録》一卷，《偶録》一卷。函套内有加州大學藏書票，注明“江亢虎捐贈品”。

169 唐宋十大家全集録 PL2619.C55 1882

《唐宋十大家全集録》三十二册四函

- 清儲欣（1631—1706）録。
- 清光緒壬午（1882）江蘇書局重刊本。

- 板匡高 19 厘米，寬 14 厘米，左右雙邊，每半葉 9 行 21 字。黑口，雙黑魚尾，上鐫書名、卷數，中鐫篇名，下鐫葉碼。
- 内封題“唐宋十大家全集録”。
- 牌記題“光緒壬午五月江蘇書局重刊”。
- 卷首有“唐宋十大家全集録總序”，署“康熙四十四年歲次乙酉春王正月上元宜興後學儲欣撰”；次有“凡例二十則”和“總目”。
- 鈐有“櫻山文庫”印。

170 唐文粹詩選

《唐文粹詩選》六卷，二册一函

- 清王士禛(1634—1711)删纂。士禛，見前“078 香祖筆記”條。
- 清康熙三十一年(1692)刊本。
- 板匡高 16.5 厘米，寬 13 厘米，左右雙邊，每半葉 10 行 19 字。黑口，單黑魚尾，上鐫“文粹詩集”，中鐫卷數，下鐫葉碼。
- 卷端題“唐文粹詩選，新城王士禛删纂”。
- 卷首有“唐文粹詩選序”，署“康熙丁卯孟秋月濟南王士禛撰於宸翰堂中”。
- 卷末有“十種唐詩選書後”，署“康熙三十一年嘉平月徐乾學健菴書”。
- 鈐有“惠生藏書”印。

171 陶齋吉金録 PL2448. T8 1908

《陶齋吉金録》八卷，八册二函

- 清端方（1861—1911）撰。端方，字午橋，號陶齋。满洲正白旗人，托忒克氏。由蔭生中舉，歷任工部主事、陸軍部尚書、湖廣總督、两江總督等職。曾赴歐美考察政治，興辦新政，并爲清廷辦警察、新式陸軍等事宜。宣統三年（1911）爲四川保路運動入川，兵變被殺，清室追贈太子太保，謚忠敏。另著有《陶齋藏石記》、《陶齋藏磚記》（附《陶齋藏石記》後）、《陶齋藏印》等。
- 清上海有正書局光緒三十四年（1908）石印本。
- 本高 31 厘米，寬 21 厘米。
- 内封题“陶齋吉金録”。
- 牌記題“光緒戊申輯于金陵”。
- 鈐有“北京市人民政府文化教育委員會文物調查組所藏金石圖書”印。

172 陶齋吉金續録 PL2448 T78 1909

《陶齋吉金續録》二卷，二册一函

- 清上海有正書局宣統己酉（1909）石印本。
- 本高 31 厘米，寬 21 厘米。
- 内封题“陶齋吉金續録”。
- 牌記題“宣統己酉輯于金陵”。

按：本馆記録，1967 年得於香港，港币 100 元。

173 桃花扇傳奇後序詳注 PL2717 U4 T318 H8

《桃花扇傳奇後序詳注》四卷，四册一函

- 清吴穆撰，花庭閒客注。
- 清嘉慶二十一年(1816)刻本。
- 板匡高19厘米，寬12.5厘米，左右雙邊，每半葉8行24字。白口，單黑魚尾，上鐫“桃花扇傳奇”，中鐫“後序詳注”及卷數，下鐫葉碼。
- 内封題“嘉慶丙子閏夏刊/吴鏡菴桃花扇傳奇後序詳注/花庭閒客編輯”。
- 卷端題“桃花扇傳奇後序詳注，花庭閒客編輯”。
- 卷首依次爲：嘉慶丙子花庭閒客弁言，引用書目，後序原文。

按：《販書偶記續編》著録《後序》一卷，約嘉慶間抄本；《注釋》一卷，清玉溪鏡坡居士撰，約道光間精刊。

174 陶文毅公全集 PL2727. A6 A17

《陶文毅公全集》十一卷，四册一函

- 清陶澍(1779—1839)撰。澍，字子霖，號雲汀，湖南安化人，嘉慶七年(1802)進士。
- 清道光年間刊本。
- 板匡高18.5厘米，寬14厘米，四周雙邊，每半葉10行21字。白口，單黑魚尾，上鐫“陶文毅公全集”，中鐫卷數及“詩集”，下鐫葉碼。

按：OSU僅有全集之卷五十三至卷六十三《詩集》部分，並重新裝訂成册，前無扉頁，亦無序跋，惟將各卷目録統歸於卷首。六十三卷末有缺葉。行款同清道光二十年(1840)兩淮淮北士民公刊本。

175 聽香禪室詩集 PL2718. I29 T5

《聽香禪室詩集》八卷,二册一函

- 清笠雲(1837—1908)著。
- 清光緒丙申(1896)刊本。
- 板匡高 16.5 厘米,寬 12 厘米,左右雙邊,每半葉 10 行 21 字。白口,單黑魚尾,上鐫“聽香禪室詩集”,中鐫卷數,下鐫葉碼。
- 内封題“聽香禪室詩集”。
- 牌記題“光緒丙申孟秋徐樹鈞署”。
- 卷端題“聽香禪室詩集,麓山寺沙門芳圃笠雲著”。
- 卷首依次有:“敘”,署“光緒丁亥秋七月王闓運題”;“題詞”,署“丙申四月羼諦居士鄭襄”。

按:該書不見於《清人别集總目》。美國哈佛燕京圖書館藏有同樣一部。

176 童山詩集 PL2718. I267 A6 1769

《童山詩集》四十二卷,附《蠢翁詩》上、下卷,共十二册一函

- 清李調元(1734—1803)撰。調元,字雨村,綿州人,乾隆二十八年(1763)進士。
- 清刊本。
- 板匡高 17 厘米,寬 11.8 厘米,左右雙邊,每半葉 10 行 21 字。白口,單黑魚尾,上鐫“童山詩集”,中鐫

卷數，下鐫葉碼。

- 卷端題“童山詩集，綿州李調元雨村”。
- 卷首有程晉芳“童山詩集序”。

按：俄州大圖書館據卷首序所署年份判爲1769年刊本。哈佛燕京圖書館有1809年李氏萬卷樓重刊本，篇目同此。《清人别集總目》著録多種版本。

177 瓦釜集

《瓦釜集》十二卷，一册一函

- 清高蘭曾撰。
- 清道光十九年(1839)刊本。
- 板匡高13厘米，寬10.5厘米，左右雙邊，每半葉9行19字。黑口，單黑魚尾，中鐫卷數及葉碼。
- 卷端題“瓦釜集，平湖高蘭曾楚薌”。
- 卷首有“序”，署“道光十有九年歲在己亥仲春下浣芝亭高蘭曾自誌於城南之鋤月山房”。
- 外封題有“山本氣園清玩”。
- 鈐有“惟勤齋山本氏圖書印”、“消”、“松西書屋”印。

按：《清人别集總目》著録。美國哈佛燕京圖書館藏有同樣一部。

178 王荆公詩箋注

《王荆公詩箋注》五十卷，十二册二函

- 宋王安石(1021—1086)撰，李壁箋注。
- 清乾隆辛酉年(1741)清綺齋刻本。
- 板匡高18.8厘米，寬14.3厘米，左右雙邊，每半葉

11 行 20 字。白口，單黑魚尾，中鐫卷數，下鐫葉碼。

- 内封題“宋李雁湖先生原本/王荆公詩箋注/清綺齋藏板”。
- 卷端題“王荆文公詩，雁湖李壁箋注”。
- 卷首依次有：張宗松乾隆辛酉序，魏了翁嘉定七年(1214)原序，張載華、張燕昌識語，重刊王荆公詩箋注略例，本傳，目録。
- 鈐有“阮亨梅生”、“珠湖草堂”、“阮亨鑑父”、“清綺齋刻”、“阮亨仲嘉”、“昭勇將軍之孫”、“梅生”、“仲嘉”印。

按：阮亨，嘉慶二十三年(1818)副貢，江蘇儀征人，字仲嘉，號梅生，有《珠湖草堂詩鈔》行世。阮亨乃阮元堂弟，其祖父阮玉堂乾隆元年(1736)授昭勇將軍。

179 味蘭軒百篇賦鈔 PL2455. C36

《味蘭軒百篇賦鈔》四卷，四册一函

- 清張世燾、彭克惠編輯。
- 清乾隆甲寅(1794)刊本。
- 板匡高 19 厘米，寬 13.5 厘米，左右雙邊，每半葉 11 行 27 字。白口，單黑魚尾，上鐫“百篇賦鈔”，中鐫卷數及卷名，下鐫葉碼。
- 内封題“乾隆甲寅年新鐫/味蘭軒百篇賦鈔/注釋備覽”。
- 卷端題“味蘭軒百篇賦鈔，江浦張世燾木父、六合彭克惠迪盦編輯”。

- 卷首有“彭序”，署“庚寅仲春上旬迪盦彭克惠撰”。
- 鈐有“忻州折桂堂自在江蘇揀選古今書籍發行記”印。

180 文莫室詩集

《文莫室詩集》八卷，二册一函

- 清王樹枬(1852—1926)撰。樹枬，字晉卿，號陶廬，河北新城人，光緒十二年(1886)進士。
- 清光緒十三年(1887)新城王氏刊本。
- 板匡高 18 厘米，寬 14.5 厘米，左右雙邊，每半葉 10 行 21 字。黑口，無魚尾，中鐫“詩”、卷數及葉碼，下鐫“文莫室”。
- 内封題“文莫室詩集八卷”。
- 牌記題“光緒十三年歲次丁亥刊行/陶廬叢刻十九”。
- 卷端題“文莫室詩，新城王樹枬”。

按：《清人别集總目》著録。

181 文心雕龍

《文心雕龍》十卷，四册一函

- 梁劉勰撰，清黄叔琳(1672—1756)注，紀昀評。
- 清道光十三年(1833)兩廣節署朱墨套印本。
- 板匡高 18 厘米，寬 13 厘米，左右雙邊，每半葉 10 行 21 字，間有雙行小字。白口，單黑魚尾，上鐫書名，中鐫卷數及卷名，下鐫葉碼。

- 内封題“文心雕龍十卷”。
- 牌記題“道光十三年冬刊於兩廣節署”。
- 卷端題“文心雕龍，梁劉勰撰，北平黄叔琳注，河間紀昀評”。
- 卷首有“序”，署“乾隆三年歲次戊午秋九月北平黄叔琳書”；次有“例言”，“南史本傳”，嘉應吴蘭修“跋”。
- 鈐有“滕信”、“竹東”印。

按：此編文中另有朱、墨筆批注，卷末且有識語，曰：“昭和二年乙酉六月念九讀了，廿一年丙戌十一月再讀，竹東山人。”

182 文心雕龍輯注 PL2263. L5 1741

《文心雕龍輯注》十卷，四册一函

- 梁劉勰撰，清黄叔琳輯注。
- 清乾隆六年(1741)刊本。
- 板匡高 15 厘米，寬 11 厘米，左右雙邊，每半葉 9 行 19 字。白口，單黑魚尾，中鐫“文心雕龍”、卷數、篇名及葉碼，每卷第一葉下鐫“養素堂”。
- 卷端題“文心雕龍，梁劉勰撰，北平黄叔琳崑圃輯注”。
- 卷首有“序”，署“乾隆三年歲次戊午秋九月北平黄叔琳書”。
- 卷末有“跋”，署“乾隆六年辛酉仲秋華亭姚培謙謹識”，言養素堂原刻書事。
- 鈐有“石川氏藏書印”、“楓樹屋祕笈記”印。

183 文選考異

《文選考異》十卷，三册一函

- 清胡客家(1757—1816)撰。
- 清嘉慶十四年(1809)刊本。
- 板匡高 21 厘米，寬 14 厘米，左右雙邊，每半葉 10 行 22 字。白口，單黑魚尾，中鐫卷數，下鐫葉碼。
- 内封題“文選考異”。
- 牌記題“鄱陽胡氏”。
- 卷首有“文選考異序”，署“嘉慶十四年二月下旬”。

按：此 OSU 本卷三、卷四、卷八至卷十，與卷一、卷二、卷五及卷六不同，板匡爲四周雙邊，紙質較差，顔色較深，字體亦不甚相同。

184 吴詩集覽

《吴詩集覽》二十卷，附《談藪》一卷，共二十册二函

- 清吴偉業(1609—1672)撰，靳榮藩(1726—1784)輯。偉業，見前“138 梅村詩集箋注”條。
- 清乾隆四十年(1775)刊本。
- 板匡高 18.5 厘米，寬 13.5 厘米，四周雙邊，每半葉 9 行 21 字。黑口，單黑魚尾，上鐫“吴詩集覽”，中鐫卷數及葉碼。
- 内封題“乾隆四十年春鐫/吴詩集覽/凌雲亭藏板”。
- 卷首依次有：“吴詩集覽序”，署“乾隆四十年秋七月進士及第通議大夫光禄卿前史官王鳴盛西莊氏撰”；“吴詩集覽序”，署“乾隆四十年歲在旃蒙協洽月在圉陽丁丑朏天都弟潘應椿拜序”；“吴詩集覽

序”，署“乾隆上章攝提格閏五月綠溪靳榮藩介人敘”；“御製題吴梅村集”；“凡例”；“行狀”；“墓表”；“目録”。

- 鈐有“櫻山文庫”印。

按：據《清人别集總目》著録，《談藪》應有二卷，OSU此編只有上卷。

185 西河合集 PL2719. A7 1761

《西河合集》一百一十三册九函

- 清毛奇齡（1623—1716）撰。奇齡，又名甡，字大可，又字齋于，學者稱西河先生，蕭山人。
- 清刻本。
- 板匡高 20 厘米，寬 14 厘米，四周單邊，每半葉 10 行 20 字，間有雙行小字。白口，無魚尾，上鐫卷名及卷數，下鐫葉碼。
- 卷端題“西河合集，蕭山毛奇齡，字大可，又名甡，稿”。
- 卷首依次有：“西河合集總序”，署“蠡吾門人李塨譔”；“西河先生傳”，署“山陰門人盛唐譔”；“傳贊”，署“仁和門人王錫譔”；“編輯姓氏”；“毛翰林詩賦集序”，署“乾隆二十六年黄鍾月同邑後學何國泰謹書”；“述始篇”，署“男遠宗敬述”；“西河先生遺像”，署“南昌門人羅弘敬摩”；“像贊”，署“汝南門人王恬”；“西河合集總目録”。

按：《四庫全書總目》著録《西河文集》一百七十九卷。《四庫提要》提及《西河合集》，但《清人文集别録》稱：“集爲其門人及諸子所編，校勘不精，字句多謅，又多收應俗貢諛之作，而不知别擇，卷帙雖豐，適爲全書之病也。”

186 西泠閨詠 PL2700. C463 H7 1887

《西泠閨詠》十六卷，四册一函

- 清陳文述(1771—1843)撰。文述，字退庵，號雲伯，錢塘人。
- 清光緒丁亥(1887)重刻本。
- 板匡高16.6厘米，寬11.5厘米，四周雙邊，每半葉10行22字。白口，單黑魚尾，上鐫“西泠閨詠”及卷数，下鐫葉碼。
- 内封題“西泠閨詠”。
- 牌記題“道光丁亥漢皋青鸞閣原鐫/光緒丁亥西泠翠螺閣重梓”。
- 卷首有“龔序”、“張序”、“自序”。
- 卷端題“西泠閨詠，錢塘陳文述雲伯著，仁和龔玉晨羽卿編”。

按：《清人别集總目》著録。

187 西遊真詮 PL2697 H7 1696

《西遊真詮》一百回不分卷，二十册一函

- 不題撰者，清陳士斌詮解。
- 清刻本。
- 板匡高21厘米，寬14.5厘米，四周單邊，每半葉11行24字。白口，單黑魚尾，上鐫“西遊真詮”，中鐫回數，下鐫葉碼。

- 内封題“悟一子批點西遊真詮”。
- 卷端題“西遊真詮，山陰悟一子陳士斌允生甫詮解”。
- 卷首依次爲：康熙丙子尤侗序、目録、圖贊（20幅）。

188 香草堂詩鈔 PL2698. H78 A6

《香草堂詩鈔》五卷，四册一函

- 清胡香昊（1635—1707）撰。香昊，字芋莊，號竹紆，新安人。
- 清刻本。
- 板匡高18.2厘米，寬13.4厘米，左右雙邊，每半葉11行21字。黑口，單黑魚尾，上鐫“香草堂詩鈔”及卷数，下鐫葉碼。
- 卷首題“香草堂詩鈔，武進胡香昊芋莊，芷園先生王嗣衍閲定，山陰孫讜椒圃氏選”。

按：《清人别集總目》只著録康熙五十六年刻本一種，見《叢書綜録》及《日本人文目録》。又，所附作者字號與本編卷首莊楷纂“胡芋莊小傳”所載不同。

189 香草齋詩注 PL2710. U268 H7 1814

《香草齋詩注》六卷，六册一函

- 清黄任（1683—1768）撰，陳應魁注。任，字莘田，永福人，康熙四十一年（1702）舉人。
- 清嘉慶甲戌（1814）刊本。
- 板匡高18.5厘米，寬13厘米，四周雙邊，每半葉10行22字，間有雙行小字。白口，單黑魚尾，上鐫“香草齋詩注”，中鎸卷數，下鎸葉碼。

- 内封題“嘉慶甲戌鎸/香草齋詩注/永陽憨窩藏板”。
- 卷端題“香草齋詩注，永福黄任莘田著，邑學陳應魁注”。
- 卷首依次有：“香草齋詩注自敘”，署“嘉慶甲戌春月永陽憨窩陳應魁”；“黄莘田先生傳節略”，署“余文儀”；“黄莘田詩鈔小傳”，署“鄭方坤”；“目録”；“跋”；“香草齋詩原序”，署“乾隆甲戌中秋同學弟會稽傅玉露拜撰年七十有七”，次署“乾隆甲戌秋七月東吴學弟許廷鑅”，次署“錢塘學弟陳兆崙”，次署“乾隆丙子季夏桑調元”；“香草齋詩注序”，署“侯官學弟黄鳴西于岐”；“香草齋詩注敘”，署“嘉慶十又九年首秋提月郊海愚弟何治運”。
- 鈐有“石埭”、“柳外精廬所藏”印。

按：《清人别集總目》著録。

190 香屑集 PL2710. U26 H7 1734

《香屑集》十八卷，卷首、末各一卷，共六册一函

- 清黄之雋(1668—1748)撰，陳邦直(1695—1777)校注。之雋，字石牧，唐堂，華亭人，康熙辛丑(1721)進士。
- 清九經閣藏板本。
- 板匡高 15.4 厘米，寬 11 厘米，左右雙邊，每半葉 10 行 21 字。黑口，雙黑魚尾，上鎸“香屑集”，中鎸卷數。
- 内封題“重訂香屑集箋注”。

按:《四庫》全書總目收入,别集類二十六,稱“是編皆集唐人之句爲香奩詩,凡古今體九百三十餘首”,“雖取諸家之成句,而對偶工整,意義通貫,排比聯絡,渾若天成……一一如自己出,可謂前無古人,後無來者”。《清人别集總目》著録有雍正十二年(1734)遂初園刻本,似與此編同。

191 嘯古堂詩 PL2698. H78 A6 1911

《嘯古堂詩》八卷,一册一函

- 清蔣敦復(1808—1867)撰,王韜(1828—1897)編。敦復,字劍人,寶山人。
- 清宣统辛亥(1911)廣益書局石印本。
- 本高 19.6 厘米,寬 13.5 厘米。
- 鈐有“龔玉龍印”。

按:《販書偶記》著録同治七年(1868)至光緒十一年(1885)刊本,疑即爲王韜于 1885 年創辦之“弢園書局”所刻木活字本。《清人别集總目》著録同年廣益書局刻本。

192 新安先集 PL2516 C5 C5 1874

《新安先集》二十卷,六册一函

- 清朱之榛(1840—1909)輯。之榛,字仲蕃,號竹石,平湖人。
- 清同治十三年(1874)刊本。
- 板匡高 19 厘米,寬 14.7 厘米,四周雙邊,每半葉 10 行 25 字。黑口,單黑魚尾,中鐫“新安先集”及卷數,下鐫葉碼。

- 内封題"新安先集二十卷"。
- 牌記題"同治十三年夏鐫於蘇州"。
- 卷首依次有:許乃釗序,吴棠序,朱爲弼序,朱善張咸豐二年(1852)及咸豐七年(1857)序,朱之榛凡例。
- 卷末有朱之榛跋。

按:據"凡例",此集前有道光乙未(1835)淮陽刻本、咸豐辛亥(1851)袁浦刻本,因遭兵燹,板片散失,朱之榛重輯刊成。所收爲新安朱氏先人詩集,自清初始,又僅限于遷浙一支,共 22 家,各附小傳。

193 繡像大漢三合明珠寶劍全傳

《繡像大漢三合明珠寶劍全傳》四十二回四卷,四册一函

- 不題撰者。
- 清末錦章圖書局石印本。
- 本高 15 厘米,寬 8.9 厘米。
- 外封書簽題"繡像三合明珠寶劍全傳/錦章圖書局印行"。
- 内封題"大漢奇書/繡像三合劍全傳"。
- 卷端題"繡像大漢三合明珠寶劍全傳"。
- 卷首有圖六幅。

194 繡像大明奇俠前後傳 PL2735.5 T35 1900Z

《繡像大明奇俠前後傳》五十四回六卷，三册一函

- 不題撰者。
- 清末上海錦章圖書局石印本。
- 本高15.2厘米，寬9厘米。
- 内封題“繡像大明奇俠前後傳”。
- 卷首有圖四幅。

195 繡像第五才子書 PL2694 S4 1657a

《繡像第五才子書》七十回二十卷，二十册二函

- 元施耐庵（約1296—1370）撰，明金聖歎（1608—1661）評注。
- 清刊本。
- 板匡高21.5厘米，寬15厘米，四周單邊，每半葉11行24字。白口，單黑魚尾，上鐫“五才子奇書”，中鐫卷數，下鐫葉碼。
- 内封題“施耐庵先生水滸傳/繡像第五才子書”。上端欄外横題“聖叹外書”。
- 卷端題“評論出像水滸傳”。
- 卷首依次有：五才子水滸序，評論出像水滸傳姓氏，像（40幅），王望如先生評論出像水滸傳總論。

按：此本序言署“順治丁酉冬月桐菴老人書於醉耕堂墨室”，由是知爲醉耕堂本一系，但無法確定刊刻年代。

又一部　七十回十卷，十册一函　PL2694 S4 1896

- 清光緒丙申(1896)石印本。
- 本高 20.3 厘米,寬 13.3 厘米。
- 内封題"圖繪五才子奇書"。
- 牌記題"光緒丙申秋上海圖書集成局石印"。
- 卷端題"繪圖增像五才子奇書水滸全傳"。
- 卷首依次爲:句曲外史敘、自敘、讀法、綱目、目録、圖像(14 幅)。每卷前又有圖四幅。

又一部　七十回十二卷,十二册一函

PL2694 S4 18——

- 清末石印本。
- 本高 19.5 厘米,寬 13 厘米。
- 内封題" 增評繪像五才子書"。
- 卷端題"評注圖像水滸傳"。
- 卷首依次有:王望如總論、水滸傳姓氏、原序、讀法、目録。

196 繡像第一才子書　PL2690 S3 1871

《繡像第一才子書》一百二十回六十卷,二十册二函

- 明羅貫中(1330? —1400?)撰,金聖歎批點,清毛宗崗評。
- 清同治十年(1871)刊本。
- 板匡高 12 厘米,寬 9.5 厘米,四周單邊,每半葉 11 行 25 字。白口,單黑魚尾,上鐫"第一才子書",中鐫卷數,下鐫葉碼。
- 内封題"金聖歎批點/五雲樓發兑/繡像第一才子

書/青雲樓藏板/同治十年重鐫”。

- 卷端題“四大奇書第一種,聖嘆外書,茂苑毛宗崗序始氏評”。
- 卷首依次爲:金聖嘆序、讀三國志法、凡例、總目、像贊(40 幅)。

又一部　一百二十回五十一卷,二十册二函

PL2690 S3 1907

- 明金聖歎評點,清毛宗崗評,鄒梧岡參訂。
- 清光緒三十三年(1907)刊本。
- 板匡高 20 厘米,寬 14.5 厘米,四周單邊,每半葉 13 行 28 字。白口,單黑魚尾,上鐫“第一才子書”,中鐫卷數,下鐫葉碼。
- 内封題“繡像第一才子書”。
- 牌記題“光緒三十三年澹雅書局校刊”。
- 卷端題“四大奇書第一種,聖歎外書,茂苑毛宗崗序始氏評,龍霧鄒梧岡參訂”。
- 卷首依次有:金聖嘆序、凡例、目録、讀法、像贊(40 幅)。
- 鈐有“楊悦先敏”、“楊先敏”印。

又一部　一百二十回十九卷,二十册二函

PL2690 S3 1644

- 明金聖歎評點,清毛宗崗評,鄒梧岡參訂。
- 清刊本。
- 板匡高 21 厘米,寬 14 厘米,四周單邊,每半葉 12 行 28 字。白口,單黑魚尾,上鐫“第一才子書”,中鐫卷數,下鐫葉碼。

- 内封題“毛聲山評/繡像第一才子書/京都琉璃廠寶經堂重刊新版較對無譌”。
- 卷端題“四大奇書第一種,聖歎外書,茂苑毛宗崗序始氏評,龍霧鄒梧岡參訂”。
- 卷首依次有:朱墨金聖嘆序、凡例、目録、讀法、像(40 幅)。

197　繡像東周列國全志　PL2698 F4 T8 1855

《繡像東周列國全志》一百零八回二十三卷,十二册二函

- 清蔡元放批評。
- 清咸豐五年(1855)刊本。
- 板匡高 12.5 厘米,寬 10 厘米,四周單邊,每半葉 12 行 27 字。白口,單黑魚尾,上鐫“東周列國全志”,中鐫卷數,下鐫葉碼。
- 内封題“咸豐五年新鐫/秣陵蔡元放批評/青雲樓發兑/繡像東周列國全志/省思堂藏板”。
- 卷端題“東周列國全志,白下蔡界元放甫評點”。
- 卷首依次有:乾隆十七年(1752)蔡元放序、地圖考、目録、讀法、像贊(48 幅)。

又一部　一百零八回二十三卷,十二册二函

PL2698 F4 T8 1866

- 清同治五年(1866)刊本。
- 板匡高 12.5 厘米,寬 9.5 厘米,四周單邊,每半葉

12 行 27 字。白口,單黑魚尾,上鐫“東周列國全志”,中鐫卷數,下鐫葉碼。

- 内封題“同治五年新鐫/秣陵蔡元放批評/繡像東周列國全志/緯文堂藏板”。
- 卷端題“東周列國全志,白下蔡昇元放甫評點”。
- 卷首依次有:乾隆十七年蔡元放序、目録、像贊(48 幅)、地圖考、讀法。

- 又一部　一百零八回二十七卷,十六册一函

PL2698 F4 T8 1902

- 清光緒壬寅(1902)石印本。
- 板匡高 16.5 厘米,寬 12 厘米,四周單邊,每半葉 14 行 42 字。白口,雙黑魚尾,上鐫“增像全圖東周列國志”,中鐫卷數,下鐫葉碼。
- 内封題“繪圖東周列國志”。
- 牌記題“光緒壬寅年上海煥文書局藏板圖書集成局代鑄”。
- 卷端題“增像全圖東周列國志,白下蔡昇元放甫評點”。
- 卷首依次有:乾隆十七年蔡元放序、讀法、總目、圖像(42 幅),每回前又有圖一幅。

198 繡像繪圖後西遊記　PL2710 O36

《繡像繪圖後西遊記》四十回四卷,四册一函

- 不題撰者。
- 清末上海進步書局石印本。

- 本高 20 厘米,寬 13.3 厘米。
- 内封題“怪異小説/繡像繪圖後西遊記/上海進步書局印行”。
- 卷端題“繡像繪圖後西遊記”。
- 卷首有圖四幅。

199 繡像今古奇觀 PL2698 C4 1849

《繡像今古奇觀》四十回十卷,十册一函

- 不題撰者。
- 清道光己酉(1849)刊本。
- 板匡高 12 厘米,寬 9.5 厘米,四周單邊,每半葉 11 行 25 字。白口,單黑魚尾,上鐫“今古奇觀”,中鐫卷數,下鐫葉碼。
- 内封題“道光己酉年重鐫/繡像今古奇觀”。
- 卷首依次爲:序、目録、圖(80 幅)。

200 繡像七劍十三俠全集 PL2700 C54

《繡像七劍十三俠全集》一百八十回十二卷,一册一函

- 清唐蕓洲編次。
- 清末石印本。
- 本高 20.2 厘米,寬 13.4 厘米。
- 内封題“繡像七劍十三俠初二三全集”。
- 牌記題“發行所英界棋盤街/上海錦章圖書局石印/印刷所法界白爾路”。
- 卷端題“繡像七劍十三俠,桃花館主編次”。
- 鈐有“張耀生印”。

201 徐騎省集

《徐騎省集》三十卷,《補遺》、《本傳》、《附録》、《題跋》、《後序》及《徐集校記》一卷,共八册一函

- 宋徐鉉(917—992)撰。鉉,字鼎臣,廣陵人。
- 清光緒癸巳(1893)刊本。
- 板匡高18厘米,寬13.5厘米,四周雙邊,每半葉10行21字。白口,單黑魚尾,上鐫"徐集",中鐫卷數,下鐫葉碼。
- 内封題"徐騎省集/附補遺并校勘記"。
- 牌記題"光緒庚寅秋鐫辛卯夏季完工壬辰春仲重校癸巳夏季三校黟南李氏藏板"。
- 卷端題"徐騎省集,東海徐鉉"。
- 卷首依次有:"序",署"光緒十六年歲次庚寅冬十一月黟縣李宗煝";"欽定四庫全書總目提要";"進徐騎省文集表",署"天禧元年十一月日三司户部判官朝散大夫行尚書都官員外郎上護軍臣胡克順";"批答";"故散騎常侍東海徐公文集序",署"秘書郎陳彭年";"行狀";"墓誌";"祭文";"東海徐公輓歌詞",署"李至";"後序",署"紹興十九年十一月十日右朝議大夫充敷文閣待制知明州軍州事提舉學事賜紫金魚袋徐琛"。
- 卷末依次有:"徐集補遺";"徐公本傳";"徐集附録";"徐集題跋";"重校徐騎省集後序",署"光緒十八年秋七月黟縣李英元"。

按:美國達特茅斯學院藏有同樣一部。

202 學詁齋文集 PL2710. S86 H8 1889

《學詁齋文集》二卷，二册一函

- 清薛壽(1812—1872)撰。壽，一名子壽，字介伯，江都人。
- 清光緒十五年(1889)廣雅書局刊本。
- 板匡高 21 厘米，寬 15 厘米，四周單邊，每半葉 11 行 24 字，間有雙行小字。黑口，單黑魚尾，上鐫"學詁齋文集"及卷數，下鐫葉碼及"廣雅書局印"。
- 内封題"學詁齋文集二卷"。
- 牌記題"光緒十五年廣雅書局刻"。
- 卷端題"學詁齋文集，江都薛壽撰"。

按：《清人别集總目》著録。美國哈佛大學藏有同樣一部，哥倫比亞大学有 1880 年刻本。

203 遜學齋文鈔 PL2724 U33 A6 1873

《遜學齋文鈔》十二卷，《文續鈔》五卷，《詩鈔》十卷，《詩續鈔》五卷，共十二册二函

- 清孫衣言(1815—1895)撰。衣言，字紹聞，又字琴西，號遜齋，浙江瑞安人，道光三十年(1850)進士。
- 清同治三年(1864)至十二年(1873)刊本。
- 板匡高 18 厘米，寬 12.5 厘米，左右雙邊，每半葉 11 行 23 字。黑口，單黑魚尾，中鐫"遜學齋文鈔"及卷數，下鐫葉碼。
- 文鈔内封題"遜學齋文鈔"，牌記題"同治十二年三月刊"。卷首依次有錢泰吉及吴大廷序。
- 詩鈔内封題"遜學齋詩鈔"，牌記題"同治三年十月

重刊”。卷首依次有俞樾及吴棠序。

按:《清人别集總目》著録。

204 養花軒詩集

《養花軒詩集》一卷

- 清徐官海著。官海,字哲身,剡溪人。
- 清宣統元年(1909)排印本。
- 板匡高 19.5 厘米,寬 11 厘米,四周雙邊,每半葉 13 行 33 字。白口,單黑魚尾,上鐫書名,下鐫葉碼。
- 内封題“養花軒詩稿”。
- 次有“徐哲身之小影”。
- 卷首序署“宣統元年十二月朔山陰周錫準”。
- 卷端題“養花軒詩集,剡溪徐官海哲身”。

按:《清人别集總目》著録。

205 養一齋文集

《養一齋文集》文集二十卷,《詩集》四卷,附賦及詩餘各一卷,共十册一函

- 清李兆洛(1769—1841)撰。兆洛,見前“043 李氏五種合刊”條。
- 養一齋文集,清光緒四年(1878)至八年(1882)江陰曹氏刻本。
- 板匡高 17.5 厘米,寬 12.8 厘米,左右雙邊,每半葉 12 行 22 字。白口,單黑魚尾,上鐫“養一文集”,中鐫卷數,下鐫葉碼。
- 内封題“養一齋文集/汪彦份謹題”。

- 牌記題“光緒戊寅年夏重刊常州日新書莊發兑書籍”。
- 卷首依次有：趙鎮祚“序”，湯成烈“重刊李申耆先生養一齋文集序”，“例言”，“養一先生遺像”，薛子衡“李養一行狀”，包世臣“李鳳臺傳”，及高承鈺“序”。
- 養一齋詩集，清光緒八年(1882)刊本。
- 板匡高 17.5 厘米，寬 13 厘米，左右雙邊，每半葉 12 行 22 字。黑口，單黑魚尾，上鐫“養一詩集”，中鐫卷數，下鐫葉碼。
- 内封題“養一先生詩集/曹佳謹題”。
- 牌記題“光緒八年秋月刻於江陰”。
- 卷端題“李養一先生詩集”。
- 卷首有序，署“光緒八年臘月瑞安黄體芳敘於江陰督學之崇素堂”。
- 卷尾署“小門生江陰曹佳校刊”。

按：《販書偶記》與《清人别集總目》皆有著録。《清人文集别録》稱：“兆洛既歿，其門人輯録遺文，初以活字印行，後復有咸豐二年刊本，爲二十四卷。版燬於火。光緒初，湯成烈等合校二本，重編爲二十卷。”

206 義門先生集 PL2710.O2 1909

《義門先生集》十二卷，附録一卷，家書四卷，共六册一函

- 清何焯(1661—1722)撰。焯，字屺瞻，號茶仙，人稱義門先生，長洲人，康熙四十二年(1703)進士。

- 清宣統元年(1909)平江吴氏廣州刻本。
- 板匡高 17.9 厘米,寬 12.8 厘米,四周雙邊,每半葉 10 行 23 字。白口,單黑魚尾,上鐫“義門先生集”,中鐫卷數,下鐫葉碼。
- 内封題“何義門先生集十二卷/吴興徐鳳銜題”。
- 牌記題“宣統元年己酉秋平江吴氏刊於廣州”。
- 卷端題“義門先生集”。
- “何義門家書”板匡高 18 厘米,寬 12.9 厘米,左右雙邊,每半葉 10 行 23 字。白口,單黑魚尾,上鐫“何義門家書”,中鐫卷數,下鐫葉碼。
- 内封題“何義門先生家書四卷”。
- 牌記題“宣統紀元己酉平江吴氏刊於廣州/華陽王秉恩耑”。
- 鈐有“書禪堂”印。

按:《清人别集總目》著録。據《清人文集别録》,《義門先生集》先有道光間刻本。宣統元年,平江吴蔭培又得焯家書百通,編爲四卷,與是集合刻於嶺南。

207 瀛奎律髓勘誤

PL2517.F3 1800

《瀛奎律髓勘誤》四十九卷,十六册一函

- 元方回(1227—1303)原選。回,字萬里,號虚谷,徽州歙縣人。
- 清嘉慶庚申(1800)雙桂堂刻本。
- 板匡高 16.3 厘米,寬 13.6 厘米,左右雙邊,每半葉 10 行 19 字。白口,雙黑魚尾,上鐫“瀛奎律髓勘誤”,中鐫卷數及卷名,下鐫葉碼。

- 内封題"宋紫陽方虚谷先生原選,河間紀曉嵐先生批點/瀛奎律髓勘誤/侯官李光垣約齋氏校刊,雙桂堂施藏板"。
- 卷首依次有:"序",署"成化三年龍集丁亥六月下澣皆春居士";"瀛奎律髓勘誤原序",署"至元癸未良月旦日紫陽虚谷居士方回撰";"序",署"康熙五十二年歲次癸巳仲夏商丘宋至撰";"序",署"康熙壬辰小春月吉黄葉老人吴之振書於橙齋之西閣";"序",署"乾隆戊申八月初五日昀又記";"瀛奎律髓勘誤序",署"乾隆辛卯十二月二十一日觀奕道人紀昀記";"序",署"乾隆戊申秋日劍溪光雲謹記";"序",署"嘉慶庚申五月上弦約齋李光垣謹記"。
- 鈐有"大屋氏藏書印"。

208 應試唐詩類釋 PL2531.T7

《應試唐詩類釋》十九卷,八册二函

- 肖臧岳編次。
- 清乾隆年間(1736—1795)錫環堂刊本。
- 板匡高20厘米,寬12.5厘米,左右雙邊,每半葉8行20字。白口,單黑魚尾,上鐫"唐詩類釋",中鐫篇名,下鐫葉碼。有數册板心下鐫"本立堂藏板"。
- 内封題"山左臧括齋編輯/唐詩類釋/内載附攷/錫環堂梓行"。
- 卷端題"應試唐詩類釋,洑陽臧岳拓齋氏編次"。
- 卷首依次有:"序",然有缺葉;"例言";"應試唐詩備考";"應試唐詩類釋目次"。

- 鈐有"服部氏藏書印"。

按:美國哈佛燕京圖書館藏有同樣一部。又"應試唐詩類釋目次終"背面,有墨印一行,曰"文淵三十五年六□五百□十□",旁有日文批字及"入仕戲鴻堂"朱文長方印一枚。

209 尤西堂全集 PL2733.U26 A6 1684

《尤西堂全集》文集二十四卷,詩集三十七卷,共二十册二函

- 清尤侗(1618—1704)撰。侗,字同人,更字展成,號悔庵,又稱艮齋,一號西堂老人,長洲人。
- 清文富堂刻本。
- 板匡高 17.5 厘米,寬 13.5 厘米,四周單邊,每半葉 10 行 21 字。白口,單黑魚尾,上鐫集名及集數,中鐫卷數,下鐫葉碼。第十六册與其他册迥異,板匡高 19 厘米,寬 14 厘米,上欄附注。
- 内封題"長洲尤侗悔庵譔/西堂全集/文富堂藏板"。
- 文集卷首依次有:"弘覺國師語録一則",王崇簡"序","自序",徐元文"跋"。
- 文集收録"西堂雜俎"三集,各八卷。
- 詩集卷首有"自序",署"康熙甲子陽月大雪日"。
- 詩集收録《西堂剩稿》二卷,《西堂秋夢録》一卷,《西堂小草》一卷,《論語詩》一卷,《右北平集》一卷,《看雲草堂集》八卷,《述祖詩》一卷,《于京集》五卷,《哀絃集》一卷,《擬明史樂府》一卷,《外國竹枝詞》一卷,《百末詞》六卷,《性理吟》一卷,《後性理吟》一

卷,《湘中草》六卷。

按:《清人别集總目》著録。又此編内封首葉有西堂文集及詩集總目,爲此藏板之總目。内封詩集總目與全集之詩集總目略有出入。内封詩集總目爲《哀絃集》一卷,《性理吟》一卷,《後性理吟》一卷;全集詩集總目爲《哀絃集》二卷,《性理吟》二卷。此本所收録之《性理吟》署宋朱熹晦庵;另收録湯卿謀撰《湘中草》六卷。

210 有正味齋詩集 PL2732. U322 Y8 1808

《有正味齋詩集》十六卷、《續集》八卷,《駢體文》二十四卷、《續集》八卷,《詞集》八卷、《續集》三卷,《外集》七卷,共二十册二函

- 清吴錫麒(1746—1818)撰。錫麒,字聖徵,號穀人,錢塘人,乾隆四十年(1775)進士。
- 清嘉慶十三年(1808)刊本。
- 板匡高 19 厘米,寬 14.5 厘米,四周單邊,每半葉 12 行 24 字。黑口,雙黑魚尾,中鐫書名、卷數及葉碼。
- 内封題"有正味齋詩集"。
- 卷首有"敘",署"嘉慶十三年四月二十五日同館侍生法式善"。
- 《有正味齋續集》卷首有"原序",署"嘉慶二年春三月十日北平同學弟翁方綱"。
- 有正味齋駢體文卷首有"序",署"南成曾燠"。
- 鈐有"房山樓圖書記"、"玉岩"印。

按:《清人别集總目》著録多種版本,卷數各異。

211 玉釧緣 PL2733 U9 1842

《玉釧緣》三十二卷，六十四册八函

- 不題撰者。
- 清刊本。
- 板匡高 12.5 厘米，寬 9.5 厘米，四周單邊，每半葉 10 行 22 字。白口，單黑魚尾，上鎸"玉釧緣"，中鎸卷數，下鎸葉碼。
- 内封題"繡像全圖/玉釧緣/文成堂藏板"。
- 卷端題"新刻玉釧緣全傳"。
- 卷首依次有：道光二十二年(1842)西湖居士序、總目、圖贊(20 幅)。

212 雨牕寄所記 PL2710. S55 Y8 1880

《雨牕寄所記》四卷，三册一函

- 清謝堃(1784—1844)撰。堃，字轡和，一字佩禾，甘泉人。
- 清光緒庚辰(1880)刊本。
- 板匡高 12 厘米，寬 9.5 厘米，左右雙邊，每半葉 9 行 21 字。黑口，單黑魚尾，上鎸卷數，下鎸葉碼。
- 内封題"雨牕寄所記/佩禾書"。
- 牌記題"光緒庚辰秋月開雕"。
- 卷端題"甘泉謝堃佩禾"。
- 卷首爲"自敘"、"目録"。
- 鈐有"映月山房"、"日本嵩山堂發兑記"印。

按：《販書偶記續編・别集類》載有道光二十五年(1845)夏刊巾箱本《春草堂集》三十七卷，卷三十一至三十四即爲此編。《清人别集總目》著録多種《春草堂集》,然未有單行本《雨牕》。據卷首"自序",此册舊名《湘蘭記》,後易爲《仙緣記所記》,再易爲《雨牕》。

213 玉堂才調集 PL2531. W4 1876

《玉堂才調集》十二册一函

- 蜀韋縠撰,清于鵬舉輯。
- 清光緒丙子(1876)紅杏山房重刊本。
- 板匡高 18.5 厘米,寬 13.5 厘米,左右雙邊,每半葉 10 行 21 字。白口,單黑魚尾,上鐫"玉堂才調集",下鐫葉碼。
- 内封題"光緒丙子重刊/玉堂才調集/紅杏山房藏板"。
- 卷首有"才調集敘",署"蜀監察御史韋縠撰"。
- 鈐有"冰清玉潔"、"金谿趙氏"、"宋清獻公子孫"、"堵氏珍藏"、"堵申甫"印。

214 御選唐詩 PL2531. Y8

《御選唐詩》三十二卷,目録三卷,共十六册四函

- 清康熙(玄燁,1654—1722)選,陳廷敬(1639—1712)等奉敕編注。
- 清康熙五十二年(1713)朱墨套印本。
- 板匡高 19 厘米,寬 12.5 厘米,四周雙邊,每半葉 7 行 16 字。白口,單黑魚尾,上鐫"御選唐詩",中鐫卷數及葉碼。
- 卷首有"御選唐詩序",署"康熙五十二年三月上旬

題並書”。

- 鈐有“毓桐”、“挺生”、“毓桐小印”、“聽笙”印。

按:首册外封有墨筆題簽“御選唐詩目録上中”,下鈐“聽笙”印;右下端題“共肆函,葉氏藏本”,下鈐“毓桐小印”。近人金肇野(1912—1995),原名愛新覺羅·毓桐,木刻家,1937 年加入中國共產黨,歷任各級領導職務,直至中央對外聯絡部顧問。“文革”中被抄過家,此書或爲其時流出。

215 御選唐宋文醇 PL2606.C4 1877

《御選唐宋文醇》五十八卷,二十册四函

- 清光緒三年(1877)浙江書局重刻本。
- 板匡高 18.2 厘米,寬 13.4 厘米,左右雙邊,每半葉 9 行 22 字。白口,單黑魚尾,上鐫“御選唐宋文醇”,中鐫卷數、作者及篇名,下鐫葉碼。
- 内封題“御選唐宋文醇/浙江書局重刻”。
- 卷首依次爲御序,凡例,職名,目録。
- 鈐有“春霆寓目”印。

按:鮑超(1828—1886),字春霆,湘軍首領,官至提督,封子爵。

216 俞俞齋詩稿初集 PL2724.H5 Y8 1906

《俞俞齋詩稿初集》二卷,文稿初集四卷,共六册一函

- 清史念祖(1843—1910)撰。念祖,字繩之,號弢園,别號俞俞子,江都人。
- 清光緒丙午(1906)刊本。

- 板匡高 19 厘米,寬 13 厘米,左右雙邊,每半葉 10 行 26 字。白口,單黑魚尾,上鐫書名,中鐫卷數,下鐫葉碼。
- 詩稿、文稿内封題“俞俞齋詩(文)稿初集”。
- 牌記皆題“光緒丙午季秋四校刊於廣陵”。
- 文稿卷首有“自序”。
- 鈐有“楊鶴庥印”、“蔭昌甫”印。

按:《清人别集總目》著録。

217 庾子山集

《庾子山集》十六卷,十二册二函

- 梁庾信(513—581)撰,清倪璠注釋。信,字子山,南陽新野人。
- 清光緒甲午(1894)儒雅堂刊本。
- 板匡高 20 厘米,寬 14.5 厘米,左右雙邊,每半葉 10 行 20 字,間有雙行小字。黑口,單黑魚尾,上鐫“庾子山集”,中鐫卷數及篇名,下鐫葉碼。
- 内封題“庾開府全集”。
- 牌記題“錢唐倪氏注本光緒甲午春儒雅堂鐫”。
- 卷端題“庾子山集,錢塘倪璠魯玉注釋”。
- 卷首依次有:“張天如先生原序”,署“婁東張溥題”;“注釋庾集題辭”,署“倪璠”;“年譜”;“本傳”;“滕王逌原序”;“總目”。
- 卷末有“庾集總釋”,署“倪璠”,并刻有“粵東雙門底儒雅堂校刊”字樣。

按:美國加州柏克萊大學藏有同樣一部。

218 袁文箋正 PL2735. A5 A16 1882

《袁文箋正》十六卷,補注一卷,共六册一函

- 清袁枚(1715—1798)撰,石韞玉(1756—1837)箋。枚,字子才,號簡齋,世稱隨園先生,浙江錢塘人。
- 清光緒八年(1882)汗青簃刻本。
- 板匡高 18.3 厘米,寬 13.2 厘米,四周雙邊,每半葉 10 行 22 字。黑口,單黑魚尾,中鐫"袁文箋正"及卷數,下鐫葉碼及坊名。
- 内封題"袁文箋正"。
- 牌記題"光緒壬午長夏汗青簃鐫"。
- 卷端題"袁文箋正,錢塘袁枚著,館後學石韞玉箋"。
- 卷首有石韞玉"袁文箋正序言","故江寧縣知縣前翰林庶吉士袁君枚傳"及目録。

按:《清人别集總目》著録。

219 增評補圖石頭記 PL2727 S3 H8 1900

《增評補圖石頭記》一百二十回/卷,附卷首一卷,共十六册二函

- 清曹雪芹(1724—1764)、高鶚(1758—?)撰,護花主人評,大某山民加評,海角居士校正。
- 光緒二十六年(1900)石印本。
- 本高 19.4 厘米,寬 12.8 厘米。
- 内封題"繡像全圖增批石頭記/悼紅軒原本"。
- 牌記題"光緒廿有六年庚子石印"。
- 卷端題"增評補圖石頭記,悼紅軒原本,東洞庭護花主人評,蛟川大某山民加評,海角居士校正"。

- 卷首依次有:程偉元序、護花主人(王希濂)批序、讀法、總評、摘誤、大某山民總評、明齋主人總評、或問、讀花人論贊、題詞、大觀園影事十二詠、大觀園圖説、音釋、總目、繡像(24 幅)。

又一部　一百二十回不分卷,二十册二函

PL2727 S3 H8 18——a

- 清末刊本。
- 板匡高 14 厘米,寬 10.5 厘米,四周雙邊,每半葉 11 行 27 字。白口,單黑魚尾,中鐫回數,下鐫葉碼。
- 内封題"繡像批點紅樓夢"。
- 卷首依次有:程偉元序、目録、像贊(28 幅)。

又一部　一百二十回不分卷,二十四册三函

PL2727 S3 H8 1881

- 清光緒七年(1881)刊本。
- 板匡高 14.5 厘米,寬 10.5 厘米,四周單邊,每半葉 10 行 25 字。白口,單黑魚尾,上鐫"妙復軒評石頭記",中鐫回數,下鐫葉碼。
- 内封題"光緒辛巳新鐫/妙復軒評本/繡像石頭記紅樓夢/臥雲山館藏板"。
- 卷端題"紅樓夢"。
- 卷首依次有:同治癸酉孫桐生敘,程偉元原敘,光緒二年懺夢居士跋,像贊(40 幅),太平閒人紅樓夢讀法、目録。
- 卷末有孫桐生題詞。

又一部　一百二十回不分卷，共十六册二函

- 清光緒十五年(1889)石印本。
- 本高 19.5 厘米，寬 12.5 厘米。
- 内封題"增評補像全圖金玉緣"。
- 牌記題"己丑仲夏滬上石印"。
- 卷首有：光緒十四年華陽仙裔重刊金玉緣序、太平閒人讀法、護花主人批序、摘誤、總評、明齋主人總評、大某山民總評、讀花人論贊、或問、大觀園影事十二詠、題詞、音釋、大觀園圖説、像贊(共 240 幅)。

又一部　八十回八卷，十二册一函

- 清末石印本。
- 本高 16 厘米，寬 11 厘米。
- 内封題"原本紅樓夢"。
- 卷首依次爲戚蓼生序、目録。
- 外封題簽作"國初鈔本原本紅樓夢"。

按：此或爲上海有正書局民國九年(1920)石印的小字本，或是 1927 年再版本，待查。

220 昭明文選李善注

《昭明文選李善注》六十卷，十二册二函

- 梁蕭統(501—531)編，唐李善(649—689)注，清何焯(1661—1722)評點，葉樹藩(1740—1784)參訂。
- 清乾隆三十七年(1772)海録軒重刻朱墨套印本。

- 板匡高 19.5 厘米，寬 15 厘米，左右雙邊，每半葉 12 行 25 字。白口，單黑魚尾，上鐫“文選”，中鐫卷數，下鐫“海録軒”。
- 内封題“何義門先生評點/長洲葉涵峰參訂/重刻昭明文選李善注 /海録軒藏板”。
- 外封書簽題“昭明文選李善注/辛巳仲春未齋”，并鈐“徐超”印。
- 卷首依次有：“重刻文選序”，署“乾隆三十七年歲次壬辰二月八日長洲葉樹藩題於海録軒”；“文選序”，署“梁昭明太子撰”；“唐李崇賢上文選注表”，署“顯慶三年九月日上表”；“凡例”；“目録”。
- 鈐有“寶旭齋藏板”、“吟風弄月”、“未齋珍藏”、“徐超”、“子杏所藏”、“湘鄉劉氏仲勛父家藏”印。

221　鄭板橋全集

《鄭板橋全集》四册一函

- 清鄭燮(1693—1765)撰。燮，字克柔，號板橋，江蘇興化人，乾隆元年(1736)進士。
- 清宣統元年(1909)掃葉山房石印本。
- 本高 19.9 厘米，寬 13.2 厘米。
- 封面題“板橋老人鄭燮著/鄭板橋全集/掃葉山房石印”。
- 封二題“宣統元年(1909)春放大重印”。
- 卷首依次爲：“前刻詩序”、“後刻詩序”“紫瓊道人慎郡王題詞”、“板橋集目録”。書分六編，分别爲古今體詩一百八十八首，古今體詩一百五十一首，詞七十七首，道情十首，題畫六十五则，家書一十六通。部分由板橋自寫，司徒文膏刻，附印章數十枚。

- 鈐有“守慶”印。

按:《清人别集總目》著録。

222 正誼堂文集

《正誼堂文集》:《文集》十二卷，《續集》八卷，共六册一函

- 清張伯行(1651—1725)撰。伯行，見前“079 小學集解”條。
- 清同治五年(1866)福州正誼書院刊本。
- 板匡高 18.5 厘米，寬 13.7 厘米，左右雙邊，每半葉 10 行 22 字。白口，單黑魚尾，上鐫“正誼堂文集”，中鐫卷數，下鐫葉碼及“正誼堂”。
- 内封題“正誼堂文集”。
- 牌記題“福州正誼堂書院藏板”。
- 文集卷端題“正誼堂文集，儀封張伯行書，永城後學李汝霖校，男師栻、師載正字”。
- 卷首有“正誼堂文集序”，署“乾隆三年春正月穀旦東軒高斌拜撰”。
- 續集卷端題“儀封張伯行著，受業張朱霖編次，男師栻、師載正字”。卷末有張朱霖“原跋”。每卷卷末有一單邊牌記“同治五年夏月福州正誼書局重板開雕”，下署“侯官楊浚雪滄總校/侯官張亨嘉燮鈞覆校/閩縣陳宗濂幼蓮分校/侯官鄭葆常筱谷分校”。

按:《清人别集總目》著録。美國西雅圖華盛頓大學

亦藏有一部。《清人文集别録》著録光緒二年家刻本《正誼堂文集》四十卷，稱："伯行文集，以此本爲最足。其收入《正誼堂全書》者爲十二卷，及《續集》八卷，乃節本耳。"又曰："其實伯行之於義理，非有深造自得之學……其生平所黽勉者，惟在搜羅遺書，修葺補綴而已。其自撰之文，大抵敷衍陳言，拾昔人唾餘，以衛道自任。"

223 中國文學指南 PL2272.5.S47

《中國文學指南》上下卷，二册一函

- 清邵伯棠編。
- 清宣統二年(1910)石印本。
- 本高 19.3 厘米，寬 13.2 厘米。
- 内封題"中國文學指南/上海會文堂書局發行"。
- 卷首有"序"，署"宣統二年仲夏山陰邵伯棠廉存序"。

224 忠雅堂集 PL2700.C6 1816

《忠雅堂集》文集十二卷，詩集二十七卷，銅絃詞二卷，南北曲一卷，共十六册二函

- 清蔣士銓(1725—1785)撰。士銓，字心餘，一字苕生，號清容，晚號定甫。
- 《忠雅堂文集》，清嘉慶丙子(1816)藏園重刊本。
- 板匡高 17.9 厘米，寬 15 厘米，左右雙邊，每半葉 11 行 21 字。白口，單黑魚尾，上鐫"忠雅堂文集"，中鐫卷數，下鐫葉碼。

- 内封及卷端題"忠雅堂文集"。
- 《忠雅堂詩集(附詞、曲)》,清嘉慶丁丑(1817)重鐫。
- 板匡高 17.9 厘米,寬 15 厘米,左右雙邊,每半葉 11 行 21 字。白口,雙黑魚尾,上鐫"忠雅堂詩集",中鐫卷數,下鐫葉碼及卷名。
- 鈐有"光淥居藏"、"精堂"、"聖代共傳"、"片山勤印"。

按:《販書偶記》載:"忠雅堂文集十二卷詩集二十七卷補遺二卷銅絃詞二卷,鉛山蔣士銓撰,嘉慶丁丑重刊,道光癸卯藏園刊。"《清人别集總目》著録。

225 周犢山文稿 PL2705. O76 C5

《周犢山文稿》

- 清周鎬(1754—1823)撰。鎬,字懷西,號犢山,無錫人。
- 清光緒癸巳(1893)上海寶文書局石印袖珍本。
- 本高 13 厘米,寬 8.7 厘米。

按:《清人别集總目》著録經國堂校刻本,藏復旦;1893 年忠靖書屋刻本,藏常州、鎮江及日本人文。

226 朱子詩集 PL2679. A17 1722

《朱子詩集》

- 宋朱熹(1130—1200)撰。熹,字元晦,又字仲晦,學者稱晦庵先生,婺源人。
- 清末石印本。
- 本高 20 厘米,寬 13.3 厘米。

- 内封題“新安洪力行注釋/紫陽詩集/暢和室主人藏版”。
- 牌記題“暢和室主人珍藏/版權所有不准翻印/代售處上海棋盤街掃葉山房錦章書局各省各大書局”。
- 鈐有“寧陽陳氏倬雲”、“含英齋珍藏”,“放明”、“含英咀華”、“譚光士”、“陳倬雲章”、“譚光之印”、“譚放明”印。

叢　部

227　崇文書局彙刻書

《崇文書局彙刻書》八十册八函

- 清光緒三年(1877)刊本。
- 板匡高 19.2 厘米,寬 15 厘米,四周雙邊,每半葉 12 行 24 字。黑口,雙黑魚尾,中鐫書名及卷數,下鐫葉碼。
- 牌記題"光緒三年三月湖北崇文書局開雕"。
- 計收:

《周易姚氏學》十六卷六册
《尚書大傳》四卷附考異、補遺、續補遺共一册
《逸周書校釋》十一卷二册
《左傳舊疏考正》八卷四册
《儀禮古今文疏義》十七卷四册
《楚辭集注》八卷二册
《楚辭辯證》二卷一册

《淮南天文訓補注》二卷二册
《刊謬正俗》八卷一册
《闕史》二卷一册
《鑑誡録》十卷二册
《高士傳》二卷一册
《古列女傳》七卷續一卷共四册
《酉陽雜俎》二十卷四册
《酉陽雜俎續集》十卷二册
《涑水紀聞》十六卷附補遺共四册
《老學庵筆記》十卷二册
《意林》五卷附補遺共二册
《文心雕龍》十卷二册
《人譜三篇》一册
《人譜類記增訂》六卷二册
《離騷集傳》一卷一册
《離騷箋》二卷一册
《離騷草木疏》四卷附跋共一册
《今水經》一卷《表》一卷一册
《水經注》四十卷十二册
《隋經籍志考證》十三卷四册
《葬經宅經》二卷一册
《九經三傳沿革例》一册
《世説新語》六卷四册
《韓詩外傳》十卷二册
《春秋繁露》十七卷二册

● 鈐有"樱山文庫"印。

228 翠琅玕館叢書 PL2455. F37

《翠琅玕館叢書》第一集，九册一函

- 清馮兆年輯。
- 清光緒十一年(1885)刊本。
- 板匡高12厘米，寬9.5厘米，左右雙邊，每半葉9行21字。黑口，單黑魚尾，中鐫卷名、卷數及葉碼，下鐫“翠琅玕館叢書”。
- 内封題“翠琅玕館叢書/第一集”。

按：據著録，翠琅玕館叢書共有四集，本館所藏爲第一集。收録作品爲汪啟淑《飛鴻堂印人傳》二册；吴蘭修《南漢金石志》及周中孚《九曜石刻録》共一册，牌記題“光緒十一年秋七月翠琅玕館校刊”；董逌《錢譜》、宋犖《漫堂墨品》、錢朝鼎《水坑石記》、程雄《琴學八則》、高兆《觀石録》、汪鎬京《紫泥法》、周高起《陽羡茗壺系》、周高起《洞山岕茶系》、張惣《南村觴政》及黎遂球《桐堦副墨》共一册；朱琰《陶説》二册，牌記題“光緒十年甲申冬十二月羊城翠琅玕館校刊”；鄒一桂《小山畫譜》一册，牌記題“光緒乙酉重九”；石濤《畫語録》及金農《冬心題畫》共一册；張潮《幽夢影》一册，牌記題“光緒十年甲申冬十二月羊城翠琅玕館校刊”。

229 榆園叢刻 PL2451. H7

《榆園叢刻》十四册二函

- 清許增(1824—1903)輯。
- 仁和許氏娱園同治壬申至光緒癸巳(1872—1893)

刻本。

- 板匡高 17 厘米，寬 13.5 厘米，左右雙邊，每半葉 12 行 23 字。白口，單黑魚尾，上鐫集名，中鐫卷數，下鐫葉碼。
- 存郭麐《靈芬館詞》；王詒壽《縵雅堂駢體文》；姜夔《白石道人詩集》（詩説附）、《白石道人歌曲》；王詒壽《笙月詞》、《花影詞》；顧翰《拜石山房詞鈔》；項廷紀《憶雲詞》（附補遺詩詞）；納蘭性德《納蘭詞》（附補遺）；錢枚《微波詞》；錢杜《松壺畫贅》、《松壺畫憶》。
- 缺張炎《詞源》、《山中白雲詞》，王士禎《衍波詞》。
- 附《娛園叢刻》十種：孫從添《藏書記要》（附曹溶《流通古書約》）；孫承澤《閒者軒帖考》；宋犖《漫堂墨品》（附張仁熙《雪堂墨品》）；梁同書《筆史》；張燕昌《金粟箋説》；吴蘭修《端谿硯史》；吴騫《陽羡名陶録》；陸時化《書畫説鈴》；梁同書《頻羅庵論書》；周二學《賞延素心録》。

附録　日本刻本

史　部

230　讀史管見

《讀史管見》三卷，六册一函

- 清李晚芳撰。
- 日本安政三年(1856)翻刻本。
- 板匡高 18.4 厘米，寬 15 厘米，左右雙邊，每半葉 9 行 24 字。白口，單黑魚尾，上鐫書名，中鐫卷數、卷名及葉碼。
- 内封題"安政三年丙辰秋翻刻/清菉猗女史李晚芳著/日本陶所池内先生校訂/讀史管見全部六册/浪華書林群玉堂製本"。
- 卷首依次有："序"，署"乾隆丙午重九春洲女史小樓謝方端撰"；"讀史管見序"，署"嘉慶丁丑歲小春望日廣州府龍門縣知縣姻末伍鼎臣頓首拜撰"；乾隆歲次乙巳菊月望日姪景璋序；康熙丁亥陽月朔日菉猗女史李晚芳序；"讀史摘微"，署"康熙庚寅桂月上浣蕖猗女史李晚芳自識”。

- 卷末有李履中“讀史管見跋”。

231　唐宋名家史論奇鈔　

《唐宋名家史論奇鈔》七卷，七册一函

- 日本松崎祐之輯。
- 日本嘉永二年(1849)京都竹苞樓補刻本。
- 板匡高 18 厘米，寬 13.5 厘米，四周單邊，每半葉 10 行 20 字。白口，上鐫“史論奇鈔”及卷數，下鐫葉碼。
- 内封題“唐宋名家史論奇鈔/京都竹苞樓”。
- 卷端題“唐宋名家歷代史論奇鈔”。
- 卷首有“史論奇鈔序”，署“正德三年癸巳冬十月日東涯伊藤長胤”；次有“序”，署“正德三年癸巳秋九月望松崎祐之撰”。
- 卷末牌記題“正德甲午首春穀旦嘉永己酉肇秋補刻竹苞樓佐佐木梓”。
- 鈐有“鵪鶉”、“竹苞”印。

按：此集原七卷八册，本校藏本缺卷四，今僅存六卷七册。

232　萬姓統譜

《萬姓統譜》一百四十卷，《歷代帝王姓系統譜》六卷，《氏族博考》十四卷，共五十册六函

- 明凌迪知輯。迪知，字稚哲，號繹泉，吴興人，明嘉靖三十五年(1556)進士。

- 日本延寶九年(1681)翻刻本。
- 板匡高20.6厘米,寬13.7厘米,四週單邊,每半葉9行,間有雙行小字。白口,單黑魚尾,上鐫目録,中鐫卷數及葉碼。
- 内封題"凌稚哲先生輯/萬姓統譜/東雅堂藏板"。
- 牌記題"延寶九年辛酉正月吉辰京極通圓福寺前町秋田屋山本平左衛門常知開板"。
- 卷首依次有"古今萬姓統譜敘",署"萬曆己卯孟夏朔日嘉議大夫前都察院右副都御史吴郡王世貞撰";"古今萬姓統譜序",署"太原王穉登";萬曆己卯凌迪知自敘;"凡例"。
- 卷末有"後序",署"寬文歲次壬子臘月日鵜飼敬順真泰撰"。
- 《歷代帝王姓系統譜》卷首有凌迪知自敘及凡例。
- 《氏族博考》卷首有"氏族博考敘",署"烏程吴京朝卿父撰"。

233　燕山外史　　PL2700.L42 Y4 1877

《燕山外史》二卷,二册一函

- 清陳球著,日本大鄉穆訓點,酒井三治校。
- 日本明治十一年(1878)刊本。
- 板匡高13厘米,寬9.5厘米,四周雙邊,每半葉9行20字。黑口,中鐫"燕山外史"及卷數。
- 内封題"燕山外史"。
- 卷端題"燕山外史,清陳球著,大鄉穆訓點,酒井三治校"。

- 卷首有大鄉穆“題詞”，吴展成嘉慶辛未序，吕清泰同年(1811)序，一簣山樵“凡例”，馮夢禎“竇生本傳”。
- 書末版權頁題“版權免許明治十一年三月十二日/訓點人大鄉穆，出版人河井源藏”。

子 部

234 五子近思録

《五子近思録》十四卷,六册一函

- 清汪佑編。
- 日本天保五年(1834)翻刻本。
- 板匡高 20 厘米,寬 14.7 厘米,左右雙邊,每半葉 9 行 19 字。白口,單黑魚尾,上鐫書名,中鐫卷數及篇目,下鐫葉碼及"星溪訂補"。
- 内封題"周二程张朱合編/新安汪星溪先生訂補/五子近思録/小栖鈐存書記一刻"。
- 牌記題"天保五甲午年六月翻刻,小棲鈐存書記一刻"。
- 卷端題"五子近思録,新安汪佑啟我合編,子鑑晦叔恭校"。
- 鈐有"雪屋水樓氏"印。

235 朱子文語纂編 PL2679. A6 1856

《朱子文語纂編》十四卷，十四册二函

- 清顔鴻逵輯。
- 日本安政三年(1856)刊本。
- 板匡高 19.5 厘米，寬 13.5 厘米，左右雙邊，每半葉12行 25 字。白口，雙黑魚尾，上鐫“朱子文語纂編”及卷數，中鐫卷目及葉碼。
- 内封題“清本翻刻/朱子文語纂編全十五册/快雪堂藏”。
- 牌記題“安政三年丙辰冬十月山縣城主永野氏藏板”。
- 卷首依次有“翻刊朱子文語纂編引”，署“安政三年柔兆執徐壯月上弦源忠精”；“翻刊朱子文語纂編敘”，署“天保十四年癸卯三月源忠邦”；“朱子文語纂編目録”；戊戌七月既望吴興顔鴻逵識語；康熙戊戌秋中楚邵車鼎豐識語。
- 卷末有“朱子文語纂編跋”，署“弘化乙巳夏五中澣一齋陳人左藤坦”；次有“跋”，署“鹽谷世弘”。

236 朱子心學録 B128. C453 H7 1769a

《朱子心學録》七卷，二册一函

- 明王蓂輯。
- 日本明和六年(1769)刊本。
- 板匡高 20 厘米，寬 15.5 厘米，四周單邊，每半葉 10行 20 字。白口，單黑魚尾，上鐫“朱子心學録”，中鐫卷數，下鐫葉碼。

- 卷端題“晦菴朱先生心學録”。
- 卷首有“刻晦菴朱先生心學録序”,署“嘉靖壬寅冬十二月朔日知江山縣事後學金谿黃綸謹書”;次有“晦菴朱先生心學録序”,署“嘉靖甲午八月朔日後學金谿王蕡謹書”。
- 卷末署“明和六己丑二月吉旦改”。
- 鈐有“醉山樓監藏”印。

集　部

237　高青邱全集　PL2694.K3 1897

《高青邱全集》十八卷，卷首一卷，《補遺》兩卷，二十一册二函

- 明高啟（1336—1374）撰，清金檀輯注，日本近藤元粹評訂。
- 日本明治三十年（1897）清木嵩山堂鉛印本。
- 本高 20 厘米，寬 13.3 厘米。
- 内封題“清金檀輯注日本南州近藤元粹先生評訂/輯注增補高青邱全集/清木嵩山堂出版”。
- 卷首依次有：“金注高青邱詩集序”，署“明治乙未清和月湖山八十二叟小野愿”；“例言”，署“明治二十八年五月一日南州外使識”；“原序”；“例言”；“詩評”；“像贊”；“鳧藻集本傳”；“年譜”；“總目”。
- 卷末有“版權頁”。
- 鈐有“櫻山文庫”印。

238 古今詩删

《古今詩删》三十四卷，六册一函

- 明李攀龍(1514—1570)編選，徐中行(1517—1578)校。
- 日本寬保癸亥(1743)刊本。
- 板匡高17.5厘米，寬13.1厘米，四周單邊，每半葉10行20字。白口，單白魚尾，上鐫書名，中鐫卷數，下鐫葉碼。
- 卷端題"古今詩删，明濟南李攀龍于鱗甫編選，吴興徐中行子與甫参校"。
- 卷首有王世貞序。
- 卷末牌記題"寬保癸亥三月穀旦京富小路五條上町書肆田原勘兵衛刻"。
- 鈐有"福岡期冲"、"環山樓藏書記"印。

239 海峰文集

《海峰文集》八卷，十册一函

- 清劉大櫆(1698—1780)著。大櫆，字耕南，號海峰，桐城人。
- 日本明治十四年(1881)刻本。
- 板匡高17.7厘米，寬12.7厘米，左右雙邊，每半葉9行19字。白口，單黑魚尾，中鐫書名、卷數及篇名，下鐫葉碼。
- 内封題"海峰文集八卷"。
- 牌記題"明治十四年十一月佚存書坊藏梓"。
- 卷端題"海峰文集，桐城劉大櫆著，受業方國校録"。

- 卷首有吴士玉"海峰文集序"。
- 卷末有劉琢跋。
- 版權頁題"明治十四年十月十八日翻刻出板"。
- 楊守敬題簽。
- 鈐有"有不爲齋"印。

按:《清人别集總目》著録。據《清人文集别録》,是集爲舊刻本。同治末,其邑人徐宗亮重加編次,釐爲十卷,遠勝舊本。

240 皇明七才詩集注解

《皇明七才詩集注解》七卷,二册一函

- 明李攀龍(1514—1570)等撰,陳繼儒(1558—1639)句解,李士安補注。
- 日本延享四年(1747)刻本。
- 板匡高 21 厘米,寬 15 厘米,四周單邊,每半葉 10 行 22 字。白口,單黑魚尾,上鐫"七才詩集",中鐫卷數,下鐫葉碼。
- 書籤題"皇明七才詩集注解"。
- 卷端題"新刻陳眉公考正國朝七子詩集注解,雲間眉公陳繼儒句解,嶺南三水李士安補注"。
- 卷首有"七才子詩集序",署"華亭陳繼儒題"。
- 卷末署"延享四歲丁卯春三月日再刻/皇都書林/山岡四郎兵衛、井上忠兵衛、梅村三郎兵衛壽梓";次有元禄己巳仲春壬申宇遯菴跋。
- 鈐有"南氏文庫"印。

241 陸放翁詩鈔

《陸放翁詩鈔》一卷，一册一函

- 宋陸游(1125—1210)撰，清周之鱗、柴升選。
- 日本享和元年(1801)刊本。
- 板匡高 17.8 厘米，寬 13.8 厘米，左右雙邊，每半葉 10 行 21 字。黑口，單黑魚尾，中鐫書名及葉碼。
- 内封題“享和元年春新鐫/周之鱗雪蒼、柴升錦川仝選/陸放翁詩鈔/北山先生閱青藜閣千鍾房”。
- 卷端題“放翁先生詩鈔，清周之鱗雪蒼、柴升錦川仝選，日本大崖行詩佛、山本謹公行仝校”。
- 卷首依次有：北山山本信有“刻放翁詩鈔序”；“刻陸放翁詩鈔序”，署“享和辛酉夏五月南陽山人山本龍撰”；錦川氏“序”；雪蒼氏“序”。

242 明七子詩解 PL2326. I45 1757

《明七子詩解》七卷，三册一函

- 日本井通熙著。
- 日本寶曆七年(1757)東京東都書林、京都皇都書林刻本。
- 板匡高 20 厘米，寬 15 厘米，四周雙邊，每半葉 10 行 20 字，間有雙行小字。白口，單黑魚尾，上鐫“七子詩解”，中鐫卷數及詩人姓，下鐫葉碼。
- 内封題“蘭臺先生著/明七子詩解/皇都書林桐華軒、壽德堂、白玉房合刻”。
- 卷端題“明七子詩解，東都井通熙著”。
- 卷首有“明七子詩解序”，署“寶曆丁丑春三月醫官山直辰撰”;次有“題言七則”,署“東都井通熙識”;再次地圖;又次目録。

- 卷末牌記題“寶曆七歲丁丑五月吉日東都書林前川六左衛門、井上忠兵衛;皇都書林山岡四郎兵衛、梅村三郎兵衛”。

243 甌北詩話

《甌北詩話》十二卷,四册一函

- 清趙翼(1727—1814)著。翼,見前“032 皇朝武功紀盛”條。
- 日本文政十一年(1828)刊本。
- 板匡高 17.8 厘米,寬 13.8 厘米,左右雙邊,每半葉 11 行 21 字。白口,單黑魚尾,上鐫書名,中鐫卷數,下鐫葉碼。
- 内封題“趙甌北學/十家詩話/李青蓮杜少陵韓昌黎白香山蘇東坡陸放翁元遺山高青邱吴梅村查初白”。
- 卷端題“甌北詩話,陽湖趙翼雲崧”。
- 卷首有“甌北詩話題辭”,署“文政十年丁亥季冬十又八日江户它山唐公愷鴻佐父撰”;“甌北詩話序”,署“文政戊子花朝雲山居士宮澤雉識”;“甌北詩話小引”,署“嘉慶七年五月甌北老人趙翼識”。
- 卷尾牌記題“文政十一戊子春三月刻成”。

244 甌北詩選

《甌北詩選》二卷,二册一函

- 清趙翼(1727—1814)撰,日本碓井歡青堂選。翼,見前"032 皇朝武功紀盛條。"
- 日本文政十年(1827)東都書林刊本。
- 板匡高 16 厘米,寬 11.5 厘米,左右雙邊,每半葉 9 行 21 字。白口,單黑魚尾,上鐫"甌北詩選",中鐫卷數,下鐫葉碼。
- 内封題"趙甌北先生著/甌北詩選/大窪詩佛、岡部菊厓兩先生閱,清忙窩藏"。
- 卷端題"甌北詩選,清陽湖趙翼雲崧著,日本秋田碓井歡青堂選"。
- 卷首有"甌北詩選序",署"文政十年丁亥歲南至後一日奥山翼榕齋氏譔";次有"題辭",署"丁亥臘月詩佛老人大窪行書";次有"甌北集原序",署"乾隆四十二年丁酉二月同年弟鉛山蔣士銓拜撰";次有"錢璵沙讀甌北集詩";次有"小傳"。
- 書末版權頁題"文政十年丁亥新鐫,東都書林"。
- 鈐有"混混吟社"印。

245 清廿四家詩

《清廿四家詩》二卷,三册一函

- 日本北川雲沼等選,中嶋一男編纂。
- 日本明治十一年(1878)刊本。
- 板匡高 14.8 厘米,寬 11.6 厘米,左右雙邊,每半葉 10 行 21 字。黑口,單黑魚尾,中鐫卷數,下鐫葉碼。
- 内封題"明治十一年十月鼎鐫/廿四家選本/清廿四

家詩/廿四書肆發兑”。

- 前有川田剛序，中嶋一男例言；末有學海居士百川跋。

246 四家雋

《四家雋》六卷，六册一函

- 日本荻生徂徠選。
- 日本寶曆辛巳(1761)餐霞館刊本。
- 板匡高21.5厘米，寬14.3厘米，四周單邊，每半葉10行20字。白口，上鐫書名及卷數，中鐫篇目、葉碼，下鐫“餐霞館”。
- 卷端題“四家雋，徂徠先生評選，門人信暘太宰純德夫、平安服元喬子遷、南總宇惠子迪同校”。
- 卷首依次有宇惠寶曆辛巳“刻四家雋序”，餘承裕“四家雋敘”，目録，雋例。卷末有土屋秀朗寶曆辛巳“刊四家雋跋”。
- 鈐有“開門講習”、“旅河氏藏書印”、“□書藏風”印。

247 遂初堂文集

《遂初堂文集》卷十三，紀行之部，二册一函

- 清潘耒(1646—1708)撰。耒，字次耕，號稼堂，吴江人。
- 江户自修堂抄本。
- 板匡高20厘米，寬14厘米，每半葉10行20字。下鐫“自修堂”。
- 卷端題“遂初堂文集卷之十三”。

- 鈐有"櫻山文庫"印。

按:《清人文集别録》著録康熙原刻本《遂初堂文集》二十卷,《别集》四卷。又稱"耒喜登山臨水,故集中遊記之文爲多"。

248 唐韓昌黎集

《唐韓昌黎集》四十卷,《目録》一卷,《遺文》一卷,《外集》十卷,《附録》一卷,《敘説》一卷,共二十六册三函

- 唐韓愈(768—824)撰,明蔣之翹輯注。
- 日本萬治三年(1660)刊本。
- 板匡高 18.5 厘米,寬 13.5 厘米,四周單邊,每半葉 9 行 17 字。白口,上鐫"韓昌黎集"及卷數,中鐫葉碼,下鐫"三徑藏書"。
- 卷端題"唐韓昌黎集,明檇李蔣之翹輯注"。
- 卷首有"唐韓昌黎集序",署"門人李漢編"。
- 卷末牌記題"萬治三年庚子八月皇京新町姉小路上中江文四郎藏梓"。
- 此本所收録之"韓昌黎集敘説"内封題"蔣石林先生注評/韓柳全集/學山堂鏤板"。
- 卷首依次有:陳繼儒崇禎癸酉序、蔣之翹同年序、論例。

249 唐柳河東集

《唐柳河東集》四十五卷,遺文一卷,外集二卷,敘説一卷,目録一卷,共二十五册三函

- 唐柳宗元(773—819)撰，明蔣之翹輯注。
- 日本寬文四年(1664)刊本。
- 板匡高19厘米，寬13.5厘米，四周單邊或雙邊，每半葉9行17字，間有雙行小字。白口，上鐫“柳河東集”及卷數，中鐫葉碼。
- 卷末牌記題“石齋鵜飼先生訓點，寬文四年甲辰三月皇京新町姊小路上中江文四郎藏梓”。
- “敘説”内封題“柳文”。
- 卷首依次有“唐柳河東集序”，署“友人劉禹錫纂”。

250 唐詩絕句贅箋 PL2531.C4 18——

《唐詩絕句贅箋》五卷，五册一函

- 日本正保三年(1646)刊本。
- 板匡高20厘米，寬14.5厘米，四周單邊，每半葉9行18字。白口，單黑魚尾，上鐫“唐詩絕句”，中鐫卷數，下鐫葉碼。
- 卷端題“贅箋唐詩絕句精選，章泉先生趙蕃昌甫、澗泉先生韓淲仲正精選，疊山先生謝枋得君直注解，餘學先生胡次焱濟鼎贅箋”。
- 卷首有“謝疊翁注唐絕句精選序”；次有“贅箋唐詩絕句後序”，署“己丑中秋紫陽後學胡次焱濟鼎書於家塾五休堂”；再次有“重刊唐詩絕句贅箋序”，署“大明嘉靖甲午臘月望日古邕愚菴陳瑀書”；末次有“目録”。
- 卷末牌記題“正保三丙戌曆三條通菱屋町林甚右衛門”。

- 鈐有“稀覯珍籍”、“皎亭收藏”印。

251 唐王右丞詩集 PL2676. A6 1590a

《唐王右丞詩集》六卷，三册一函

- 唐王維(701—761)撰，明顧可久(1485—1563)注説。
- 日本正德甲午(1714)刊本。
- 板匡高 20 厘米，寬 14 厘米，四周單邊，每半葉 9 行 20 字。白口，單黑魚尾，上鐫“王維詩集”，中鐫卷數，下鐫葉碼。
- 卷端題“唐王右丞詩集，明吳顧可久注説”。
- 卷首有“新刻王右丞詩集注説序”，署“嘉靖庚申夏六月江陰張衮撰”；次有“進王摩詰集表”。
- 牌記題“萬曆庚寅休陽吴氏漱玉齋鏤板正德甲午孟春吉旦皇都書舖”。
- 卷末有“王右丞詩集跋”，署“正德癸巳陽後日平安木房祥”。
- 版權頁刻“一條通日暮京都書肆石田治兵衛”。
- 鈐有“守陋書屋”、“□文堂記”印。

252 晚唐律詩選 PL2531. W3

《晚唐律詩選》五卷，二册一函

- 日本紀藩有基館主人輯。
- 日本嘉永己酉(1849)有基館刊本。
- 板匡高 17.5 厘米，寬 12 厘米，四周單邊，每半葉 10 行 20 字。白口，單黑魚尾，上鐫“晚唐律詩選”及卷數，中鐫葉碼，下鐫“有基館”。

- 内封題“晚唐律詩選/有基館”。
- 卷端題“晚唐律詩選,紀藩有基館主人編纂”。
- 卷首有“晚唐律詩選題言”,署“嘉永己酉之秋紀伊志賀孝思拜撰”。
- 鈐有“皎亭收藏”、“家在虎城之南”、“錫岡房珍藏圖書記”印。

253 王勃詩集 PL2677. W3 A6 1747

《王勃詩集》二卷,二册一函

- 唐王勃(650 — 675)著,明張遜業校正,日本芥煥彦章重校。
- 日本延享四年(1747)平安書林玉樹堂刊本。
- 板匡高 17.5 厘米,寬 13 厘米,四周雙邊,每半葉 9 行 19 字。白口,雙黑魚尾,中鐫“王勃集”、卷數及葉碼,下鐫“江郡新繩”。
- 内封題“丹丘先生校定/王勃詩集/平安書林玉樹堂”。
- 卷端題“王勃集,明永嘉張遜業有功校正,日本平安芥煥彦章重校”。
- 卷首有“王勃集序”,署“永嘉張遜業撰”。
- 卷末有“跋”,署“延享丁卯七月平安芥煥題”。
- 版權頁題“延享四年丁卯九月平安書林唐本屋吉左衛門梓行”。
- 鈐有“稀覯珍籍”、“皎亭收藏”等印。

254 須溪先生評點陳簡齋詩集 PL2687.C46 A6 1528a

《須溪先生評點陳簡齋詩集》十五卷，五册一函

- 宋陳與義(1090—1138)撰，劉辰翁(1232—1297)評點。
- 日本寬永二十一年(1644)刊本。
- 板匡高 20.5 厘米，寬 14.5 厘米，四周雙邊，每半葉 11 行 20 字。白口，雙黑魚尾，上鐫"簡齋"及卷數，下鐫葉碼。
- 卷端題"須溪先生評點簡齋詩集"。
- 卷首依次有"簡齋序"，署"盧陵須溪劉辰翁"；"須溪先生評點簡齋詩集目録"。
- 卷末有跋，署"嘉靖二十三年甲辰五月上澣承議郎行茂長縣監柳希春"；次有"簡齋跋"，署"甲申冬十月江宗白"。
- 鈐有"皎亭收藏"、"正辰"印。

按：現在較爲通行的是鄭騫(1906—1991)校箋本。未見美國其他大學有此編。

255 御選唐宋詩醇

《御選唐宋詩醇》十卷，五册一函

- 日本文久二年(1862)刊本。
- 板匡高 18 厘米，寬 13 厘米，左右雙邊，每半葉 10 行 20 字。白口，上鐫"御選唐宋詩醇"及卷數，下鐫葉碼。
- 内封題"乾隆二十五年歲次庚辰奏明重刊/唐宋詩醇/隴西李白、襄陽杜甫、太原白居易、昌黎韓愈、眉

山蘇軾、山陰陸游”。
- 書末牌記題“文久二壬戌歲初春新鐫”。
- 鈐有“宜陽義塾”、“稽古館藏”、“工藤他正圖書”印。
按:《御選唐宋詩醇》原收李白、杜甫、白居易、韓愈、蘇軾及陸游六大家之作,此編僅有“襄陽杜甫”一家,卷九至卷十八。

256 元詩自攜

《元詩自攜》七律十六卷,七言三卷,共十册一函
- 清姚廷謙選輯。
- 日本安政五年(1858)刊本。
- 板匡高 17 厘米,寬 13 厘米,左右雙邊,每半葉 9 行 19 字。黑口,雙黑魚尾,中鐫“元詩自攜”及卷數,下鐫葉碼。
- 卷端題“元詩自攜,華亭姚廷謙平山選輯,錢塘張琳玉田、同里朱霞初晴參閲”。
- 卷首有姚廷謙康熙六十一年序,姚培仁康熙壬寅序,元詩自攜發凡,目録。
- 卷末署“安政五年刊”,並有書肆名。
- 鈐有“森川氏藏書印”、“小林清玩”印。

257 浙西六家詩評

《浙西六家詩評》六卷,三册一函
- 清吴應和(1759—?)輯,日本賴襄選評。
- 日本嘉永二年(1849)浪華書房刊本。
- 板匡高 19.3 厘米,寬 13 厘米,左右雙邊,每半葉 9

行 19 字。黑口，單黑魚尾，中鐫“浙西六家詩鈔”及卷數，下鐫葉碼。

- 卷端題“浙西六家詩鈔，安藝賴襄子成選評，美濃後藤機世張校點”。
- 卷首有浪華小竹散人筱崎弼嘉永二年序、吴應和道光七年(1827)序。
- 卷末有後藤嘉永己酉跋。
- 卷末牌記題“浪華書房墨香居”。
- 鈐有“五龍橋西草廬”、“李蹊氏藏書記”、“靜芳書房”印。

按：是編重印詩鈔，評語注在框外上端。據著録，日本尚有慶應三年(1867)手抄本《詩鈔》，但不知是否有評。

朝鮮刻本

集　部

258　纂注杜詩澤風堂批解

《纂注杜詩澤風堂批解》二十六卷，十四册二函

- 唐杜甫(712—770)著，朝鮮李植(1584—1647)批解。植，字汝固，號澤堂。
- 朝鮮英祖十五年(1739)李氏家刻本。
- 板匡高24厘米，寬19厘米，四周雙邊，每半葉10行20字。白口，雙黑魚尾，上鐫"杜詩批解"及卷數，下鐫葉碼。
- 卷端題"纂注杜詩澤風堂批解"。
- 卷末有晦庵先生"章國華杜詩集注跋"，宋時烈"杜詩點注跋"，李植"杜詩批解跋"及李箕鎮跋。

按：此本由本館創辦人嚴文郁先生于1969年購入，注明爲己未(1739)刻本。據著録，臺北"國立中央圖書館"藏有清康熙十八年(1679)朝鮮李氏家刊本，疑有誤。是編卷末有刊刻人、李植曾孫箕鎮跋

語，署"庚辰後百年己未孟夏"。此庚辰當指李植自撰"批解跋"之日(1640)，故此己未當爲1739而非1679。又此編似爲活字本而非板刻本。

著者索引

（每條標目後的數字爲本書檢索順序號）

六畫

七畫

八畫

九畫

十畫

十一畫

十二畫

十三畫

十四畫

十五畫

十六畫

十七畫

十八畫

十九畫

二十一畫

二十三畫

書名索引

(每條標目後的數字爲本書檢索順序號)

二畫

三畫

四畫

五畫

六畫

七畫

八畫

九畫

十畫

十一畫

十五畫

十六畫

十七畫

十八畫

十九畫

二十畫

二十二畫